石黒一憲

国際摩擦と法

羅針盤なき日本

新版

Cross-Border Legal & Regulatory Frictions

— Japan Without A Map & Compass For The 21st Century —

by

Kazunori Ishiguro

2002
SHINZANSHA
信山社

目　次

Prof. K. Ishiguro
Oct. 10, 2001.
Sept. 18, 2001
Prof. Kazunori Ishiguro
Prof. K. Ishiguro
Jan. 17, 2002.
Prof. K. Ishiguro
Dec. 20, 2001.
Prof. K. Ishiguro

目　次

June 28, 2001.
Prof. K. Ishiguro

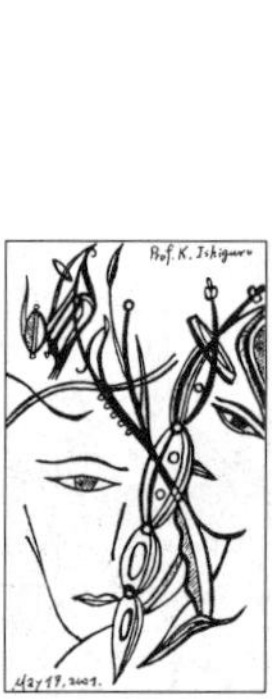

Prof. K. Ishiguro
May 19, 2001.

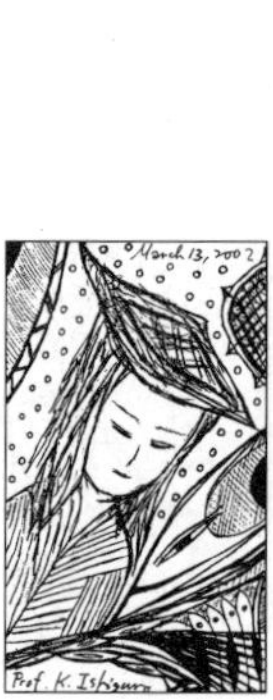

March 13, 2002
Prof. K. Ishiguro

Prof. K. Ishiguro
Jan. 26, 2002

Oct. 11, 2001.
Prof. K. Ishiguro

目　次

Feb. 26, 2002
Prof. K. Ishiguro
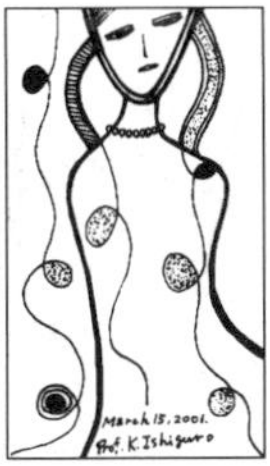
March 15, 2001.
Prof. K. Ishiguro

Prof. Kazunori Ishiguro
Before dawn
Feb. 18, 2002.

Prof. K. Ishiguro

Prof. K. Ishiguro
June 28, 2001

目　次

Prof. K. Ishiguro
Jan. 17, 2002.

Prof. K. Ishiguro
Oct. 10, 2001.
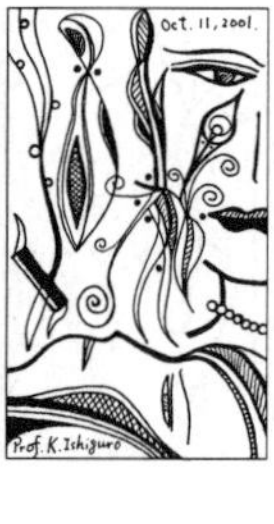
Oct. 11, 2001.
Prof. K. Ishiguro

Prof. K. Ishiguro
Jan. 26, 2002.

Sept. 18, 2001
Prof. Kazunori Ishiguro

Prof. K. Ishiguro
Oct. 10, 2001.

Oct. 11, 2001.
Prof. K. Ishiguro

Prof. K. Ishiguro
Jan. 26, 2002.

March 13, 2002
Prof. K. Ishiguro

目次

Prof. K. Ishiguro
Oct. 10, 2001.

Oct. 11, 2001.
Prof. K. Ishiguro

Prof. K. Ishiguro
Jan. 26, 2002

March 13, 2002
Prof. K. Ishiguro

Prof. K. Ishiguro

目　次

June 28, 2001.
Prof. K. Ishiguro

Prof. K. Ishiguro
May 19, 2001.

Prof. K. Ishiguro

Prof. K. Ishiguro

Oct. 11, 2001.
Prof. K. Ishiguro

Prof. K. Ishiguro
June 28, 2001.
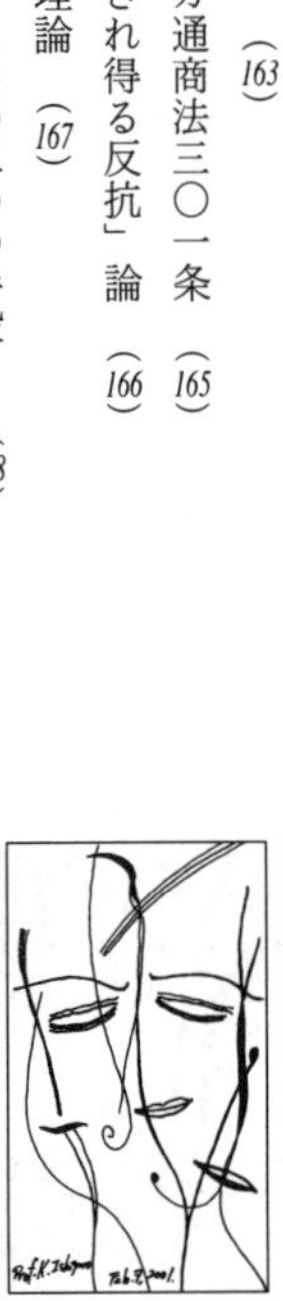
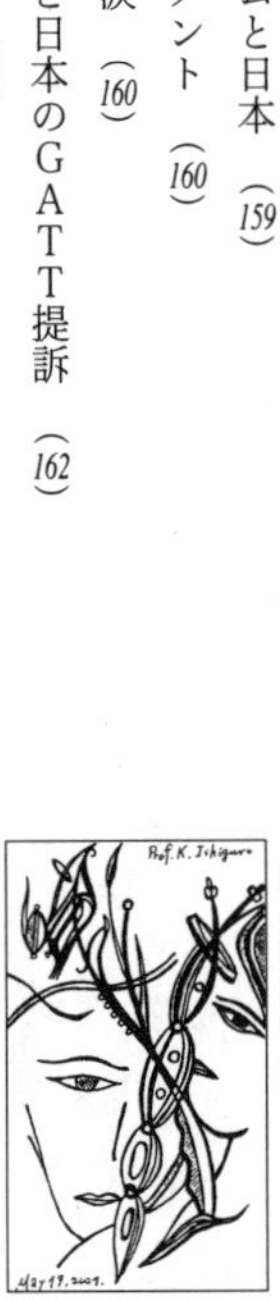
Prof. K. Ishiguro
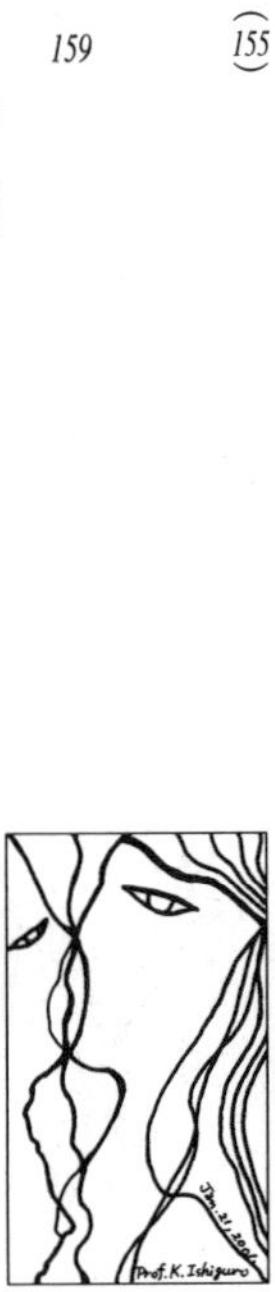
Prof. K. Ishiguro
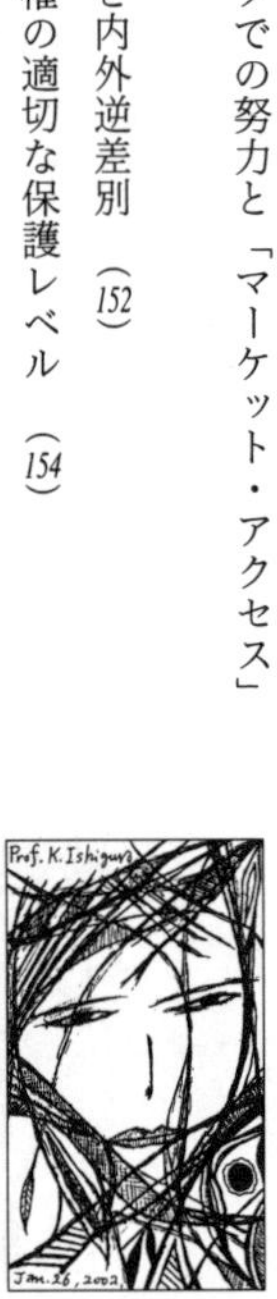
Prof. K. Ishiguro

目　次

Mein
an der
Kampf
Prof. K Ishiguro
AM 7:45
March 20, 2001

Prof. K. Ishiguro

June 28, 2001.
Prof. K. Ishiguro

March 13, 2002
Prof. K. Ishiguro

目　次

Prof. K. Ishiguro

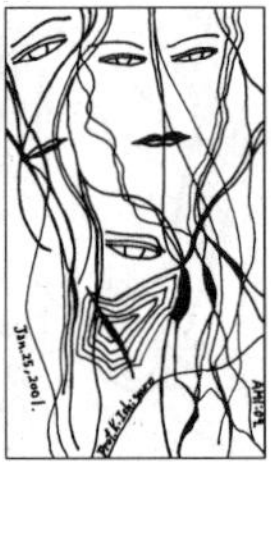

Jan. 25, 2001.

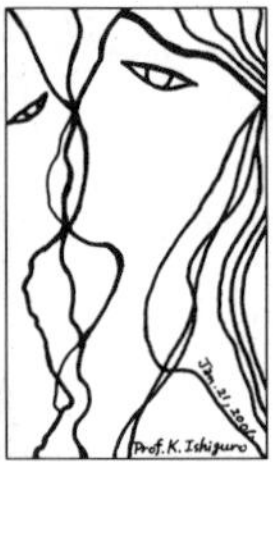

Prof. K. Ishiguro

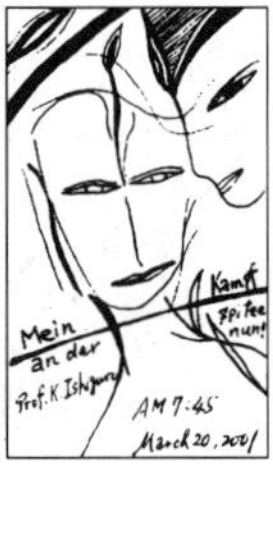

Mein
an der
Prof. K. Ishiguro
AM 7:45
March 20, 2001

Prof. K. Ishiguro

目　次

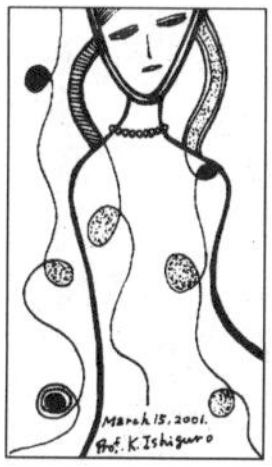

March 15, 2001.
Prof. K. Ishiguro

Prof. Kazunori Ishiguro
Before dawn
Feb. 18, 2002

Prof. Kazunori Ishiguro
May 9, 2001

Prof. K. Ishiguro
June 28, 2001

June 28, 2001.
Prof. K. Ishiguro

Prof. K. Ishiguro
June 28, 2001

Prof. Kazunori Ishiguro
May 9, 2001

Prof. Kazunori Ishiguro
Before dawn
Feb. 18, 2002

March 15, 2001.
Prof. K. Ishiguro

Prof. K. Ishiguro

＊本書は、もともと「ちくま新書」として、一九九四年一二月二〇日に発行された。だが、品切れとなり、筑摩書房の了承を得た上で、大幅な改訂と第三部の追加（書き下ろし）をし、『グローバル経済と法』を出して戴いた信山社の村岡侖衛氏に依頼して、こうして同社から、新たに刊行して戴くこととなったものである。『グローバル経済と法』に続き、私の絵やイラストも挿入して戴き、全面的に支援して下さった村岡氏には、心から感謝している。本書第三部が、村岡氏と私との〝約束〟の一部履行として認めて戴けることを、私としては期待している。

かくて本書は、改訂を経て、一九七四年以来の私の全研究の、最も基本的な〝見取り図〟となったように実感する。この一三年余りの間、文字通り三六五日・二四時間態勢で常に私を支えてきてくれている妻裕美子あっての私、である（『グローバル経済と法』の「はしがき」の、最後の頁参照）。

なお、本書初版では、一切文献引用が出来なかったが、新版の刊行にあたり、最低限、論述のベースとなった私の著書等を引用し、必要があれば、そこから更に文献を辿れるようにした。本書で引用した石黒の著書名を、以下に列記する（なお、貿易と関税〔(財)日本関税協会〕誌における私の連載論文は、「ボーダーレス・エコノミーへの法的視座」と題し、二〇〇二年六月号で一三二回目の連載となるものである〔連載継続中〕）。

●金融取引と国際訴訟（一九八三年・有斐閣）
●〔研究展望〕ＧＡＴＴウルグアイ・ラウンド（一九八九年・ＮＩＲＡ〔総合研究開発

機構]）

●ボーダーレス社会への法的警鐘（一九九一年・中央経済社）

●ボーダーレス・エコノミーへの法的視座（一九九二年・中央経済社）

●超高速通信ネットワーク――その構築への夢と戦略（一九九四年・NTT出版）

●国際私法（一九九四年・新世社）

●国際金融倒産（[石黒他・共著]一九九五年・経済法令研究会）

●国際民事訴訟法（一九九六年・新世社）

●通商摩擦と日本の進路（一九九六年・木鐸社）

●世界情報通信基盤の構築――国家・暗号・電子マネー（一九九七年・NTT出版）

●日米航空摩擦の構造と展望（一九九八年・木鐸社）

●国際知的財産権――サイバースペース vs. リアル・ワールド（一九九八年・NTT出版）

●日本経済再生への法的警鐘――損保危機・行革・金融ビッグバン（一九九八年・木鐸社）

●法と経済（一九九八年・岩波書店）

●グローバル経済と法（二〇〇〇年・信山社）

序　章

「羅針盤なき日本」への嘆き

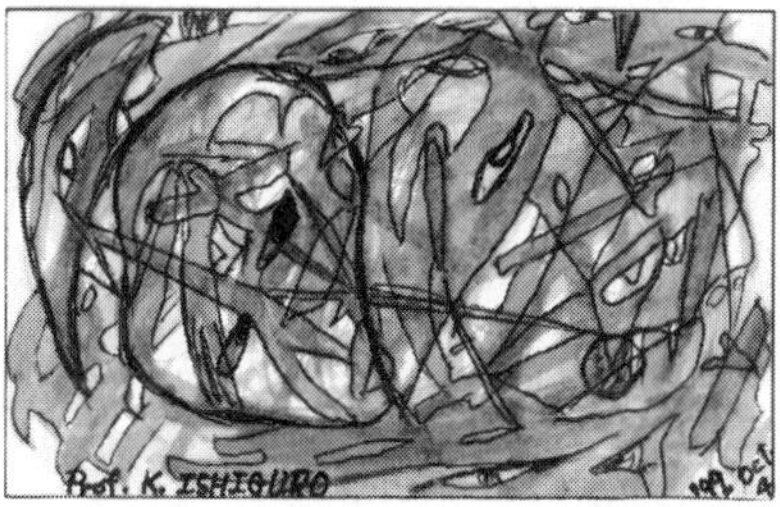

◈はじめに

この国で生まれ、この国に生き、この国を憂うる。本書は、憂国の書である。だが、この国を憂うるのみではない。我々の世界は、今、確実におかしな方向に向けて歩み始めている。まさに、世紀末的現象だが、二一世紀を迎えても、この流れの基本は変わらない。それを何とかせねばならない。

国際的相互依存と言う。もはやどの国も、深く相互に依存し、自己完結的にのみ行動することは、事実として出来ない。そうであるはずだ。だが、大国アメリカは、ともすれば自己の論理を普遍化し、どの国もアメリカと同じようにふるまうべきだと主張し、自国の論理を他国に押しつける。そして、太平洋を間にはさみ、経済大国と言われて来た日本は、ともすればアメリカのうしろに世界があると考え、アメリカに自己をあわせることが国際化であり、国際調和であると錯覚する。しかも、この傾向は、バブル経済の崩壊後の自信喪失（自己喪失）の中で、一層強まっている（本書第三部参照）。だが、他方、その日本は、いまだに島国根性が抜けないためか、ともすれば純粋に日本国内の問題処理にのみ終始しようとする。「国際」問題は、ごく一握りの専門家に委ねようとし、それを敬して（？）遠ざける傾向にある。

◈国際経済摩擦（通商摩擦）への基本的視座

そのような日米両国が、ともかくも世界経済の中枢にあり、かつ、烈しい日米摩擦が繰り返されて来た。日米経済摩擦の各時点での決着の仕方が、その後の世界経済の枠組に大きな影響を与える場面は、実は多かった。日本はいまだにそこに気付いていない。日米経済摩擦が、日本の〝構造改革〟の裏に隠れ、いわば水面下に潜行するかたちとなってからは、一層そこが見えにくくなっている（本書第三部参照）。

　アメリカのうしろに世界があると考えるのではなく、日本としては、自国の価値観を安易に（というよりは本能的に？）普遍化し、他の諸国に押しつけたがる特異な国アメリカと最前線で対峙し、他の諸国と共に世界をあるべき方向に導いてゆく重大な責務を、いまだに（というよりは一層強く）自己が負っていることについて、もっと自覚せねばならないはずだ。

「対米配慮論」という言葉は、よく用いられる（但し、対欧配慮論や対アジア配慮論という言葉は、単なるリップ・サービスは別として、あまり耳にしない。一九九七年からのアジア経済危機の最中においても、そうであった！——本書第三部参照）。太平洋戦争後、日本はたしかにアメリカにいろいろ世話になった。そのおかげでここまで来られたのだから、身勝手な対日要求があっても、それを呑むことが礼儀だ、というところから、この「対米配慮論」は出発しているのだろう。今のアメリカが、輝ける本来のアメリカならば、それでよいのかも知れないが、とくに一九八〇年代以降のアメリカの通商政策は、本来のアメリカとはかけ離れた身勝手なもののように、私は考える。そのアメリカの要求を次々と呑んでゆくことは、本当にアメリカのためになるのか。そこも考えるべきである。

　このままでは、日本は、世界を妙な、そして暗い方向に導いてゆく上での「共犯」になってしまう。それは世界全体のためにも、アメリカのためにも、そして日本のためにもならない。我々は常に「対全世界配慮論」とでも言うべき、グローバルな基本的視座を持つべきである。それなのに、実際にはどうだったのか。

◈日本企業の海外進出

以上は、国対国のレベルで、とくに国際経済摩擦（通商摩擦）の場合に即して、「羅針盤なき日本」への嘆きとは何かを、あらかじめ若干示したものである。だが、日米間を中心とする、とくに一九八〇年代以降の国際経済摩擦の激化（既述の如く、とくに一九九五年一月のＷＴＯ〔世界貿易機関〕設立後において、この摩擦は、水面下に隠れ、あたかも特殊部隊のゲリラ戦のように、〝見えざる戦争〟の様相を呈して来ている）の前提として、日本企業の積極的な海外進出がある。そのピークは、意外にも一九八〇年代である。既に海外進出を果たしていた大企業のあとを追い、日本の中規模以下の企業も、海外に拠点（現地拠点）づくりを進めた。ただ、それは急速な円高の結果、日本国内で円ベースで生産をして輸出しても、輸出先の国の通貨に換算されると、とても高くて競争できず、そこでやむにやまれず生産拠点を海外にシフトさせた、という面が強い（但し、米・ＥＵ〔従来のＥＣ〕への直接進出は、日本からの製品輸出に対して、種々の通商上の措置がかけられて来ていたこととも関係する場合が多い）。いわば円高に押され、心太《ところてん》式に、今まで日本でやっていたことを、そのまま海外で行なう、という傾向の強い海外進出であり、国際化であった。だから現地諸国との摩擦が深刻にもなる。そして、バブル経済の崩壊後、その海外進出のときと同じように、やむにやまれず海外ビジネスの縮小・撤退へと我先に走り、この狭い島国の内にこもろうとする傾向が、急速に生じた。だが、その日本国内の経済も支え切れずに、縮小均衡的にすべてが進む。そうした中で、「グローバル・スタンダードに日本もあわせねば……」との主張が、声高になされたのである（本書第三部参照）。

実に惨めである。この引き潮の如き急速な「逆戻り現象」に際しても、日本は、単にその時々の〝流れ〟、つまりは時流に身をまかせるのみで、海外進出へと我先に走ったときと同様、「国際的視点」など、持ちあわせていなかったのである。

アメリカのように、いわば自覚的に、当然そうあるべきだとして自己の価値観を他国に対して（国家レベルで）押しつけるのではなく、無意識に、しかも企業レベルでも同じようなことが、何となく、しかし強烈になされてゆくことになる。もちろん、意識ある企業においては、明確な海外進出上のポリシーを持って進出するであろうし、現地化、つまり現地の社会や風土との融和が重視される。日本で成功した外資系企業の多くも（ガン保険等のいわゆる〝保険第三分野〟の問題は別として――石黒・日本経済再生への法的警鐘六九頁以下）そうであったし、それは「郷に入れば郷に従え」という昔からの言葉に沿った営みではあろう。だが、すべての日本企業がそうはならなかったのであり、それがアメリカの方ばかり向いている国としての日本への、そして日本社会への不信を、我々があまり気付いていないところで、海外において増幅させている。むしろ、「旅の恥はかき捨て」といった感覚で、日本企業の海外進出の多くがなされて来たのでは、とも疑われる。例を挙げよう。

◈ 脱亜入欧？――マレーシアでの日系企業の環境汚染

「脱亜入欧」という、いやらしい言葉がある。明治維新以来の、日本の一転した西欧化、そして、太平洋戦争後の極端なアメリカ化の中で、西欧に対しては常に劣等意識（インフェリオリティ・コンプレックス）を持ちながら、それに追いつけ、追い越せと願って来た。他方、自己がアジアの一員であることを忘れ、西欧社会の一員であるかの如くふるまいたがる、いやらしい傾向。

十数年前、マレーシアで放射性廃棄物が野積みにされており、附近の住民が被害にあったということで、現地で訴訟が起きた（いわゆるARE事件。石黒・国際民事訴訟法三九頁注157）。問題の企業は、日本企業と現地資本とが組み合わされて現地で事業を営む、いわゆる合弁事業（ジョイント・ベンチャー）としてのものであった。つまり、日本企業の海外現地法人（海外子会社）であった。マレーシアでのこの企業に関する訴訟は、日本の親会社にも深く関係する問題を扱う。そこで、日本のマスコミも大いに、このマレーシアでの訴訟に注目した。だが、その報道ぶりには、所詮発展途上国の裁判制度などいい加減だ、といった思いあがりが、ありありと見てとれた。

国際的な法律問題の専門家として、私は大学のゼミその他で、このマレーシア（イポー高裁）の裁判を細かく検討したことがある。マレーシアの法制度は、イギリスのそれをかなりの程度受け継いでいる。別におかしな論理展開はなく、それなりに納得のゆく裁判であった。そのことを、検討に加わった皆と確認したのち、再び私の頭に、「脱亜入欧」という言葉が浮かんだ。

これは日本社会を構成する一人一人の意識の問題である。円高により海外に生産拠点等を求めて進出する。現地の安い労働力を求めてのことでもある。それらの進出先の国々、そしてそこの人々のおかげで、日本の経済全体や個々の企業が助かって来たというのに、心の中ではそれらの人々や社会、そしてそうした国々を、馬鹿にしている。そんなことが許されてよいはずはない。私は、強くそう思う（そのアジア諸国からの〝搾取〟をしようと、WTO次期交渉向けに日本政府（旧通産省）が、一九九九年当時考えていたことは、本書第三部で示す)。

◆GATTウルグアイ・ラウンドと日本

マレーシアでの一つの事件を例にここで示した点は、国レベルでの日本の行動にも反映しているのではないか。一九九四年の末に、新たな国際的貿易枠組を定めるGATT(関税と貿易に関する一般協定)のウルグアイ・ラウンドが、ともかくも終結し、翌九五年一月一日、WTOが設立された。一九八六年からのこのラウンド(多角的貿易交渉――ラウンド・テーブルを囲んで各国が様々議論してゆく場、という程度の意味で、ラウンドと言う)を、私は専門家の一人として、ずっとウォッチして来た。要所要所で、いろいろと意見も言った。だが、せっかく発展途上国がいいことを言ってくれていても、「日本は先進諸国の側に立った発言をすべきで、途上国との連帯などとても……」、といったリアクションが、事実としてあまりにも多かった。

嘆かわしい。どうしてそうなるのか。正しいことは誰が言おうと素直に耳を傾けるべきではないか。二一世紀に向かって、新たな世界貿易体制を築き上げ、すべての人々の生活向上のため、調和ある発展のため全力をつくす、というのであれば、なおさらのはずではないか。

こうしてWTOという国際組織と共に出来上がったウルグアイ・ラウンド諸協定(WTO諸協定。条約として、それを批准した国々を拘束する)には、のちに示すように、良い面ばかりではなく、問題も多い。もちろん、日本政府が大いにがんばったところは少なくないが、重大な問題点も少なくないのである。単純にウルグアイ・ラウンド諸協定によって世界の将来は明るくなる、などとは到底言えない、というのが私の評価である。だが、形式的には、一九八六年にウルグアイ・ラウンドを始めようと言ったのは日本である、ということで、いわばメンツにかけても交渉を成功に導くのが、日本外交の基本的使命だ、とされて来た。そこで言う「成功」とは、中身を問わず、ともかく協定が出来て皆がそれを受け入れればよいのか。それが「外交」というものなのか。私には、日本外交（外務省）の基本的スタンスが、理解できなかったのである。

◈不公正な国ニッポン？

とかく日本は不公正（アンフェア）な国だと言われて来た。とくに国際経済摩擦の文脈において、そうである。アメリカのみならず、ＥＵ（ＥＣ）、そして、東南アジアの諸国からも、日本はアンフェアだと、よく言われる。

戦後の日本経済が、世界経済の中でいわば一人勝ち的に発展をし、巨額の貿易黒字をためこんで来たこと、そして集中豪雨的輸出という言葉通り（但し、それは日本社会の極端な横並び意識の、国際的企業活動への無意識的な反映のように、私は思われるが）、滅茶苦茶な輸出をして、現地国の企業・経済、そして社会(！)を踏みにじる。そうした印象が、まずあるのだろう。次に、とくにアメリカとの間では、いろいろと日本政府と約束をしたのに、日本は一向にそれを守らないから不公正だ、ということがしきりに言われて来た。

これに対して、日本は、他の国々（といってもアメリカばかりに関心が向いている）から不公正と言われないような国になりたいです、といった小学一年生の無心なニコニコ顔での答えのような対応を、するのみのようであった。なぜもっと物事の筋道（論理）をはっきり示してから対応しないのか。私はずっとそう思って来た。

アンフェアという英語の響きは、相当に強いニュアンスでのものである。「ダーティハリー」というアメリカ映画があったが、法で適切に裁けぬ相手を拳銃で倒す必要を正当化するような（?）、強い意味のはずだ、そこに気をつけて対応しなければならない――そう言ったのは、日本のある著名な老国際政治学者である。小学生的な無心なニコニコ顔でアメリカの大統領と握手することばかり政治家が考えていては、駄目なのである。イエスと言うにしても、ノーと言うにしても、理屈（理論!）を明確に示し、決定に至るプロセスを大切にし、それらをあとに残るような形で、証拠として定着させておかねばならない。

◈学問の復権

「結果（結論）」は、思考過程の十分な基礎づけとの関係において、初めて意味を持つ。これは、分野を問わぬ学問の基本のはずである。世界貿易体制の構築に際しても、国際経済摩擦の個々的な処理においても（更には本書第三部で扱う日本の〝構造改革〟についても!）、学問的作法の基本と同じことが貫かれねばならない。私は、このこと、つまりは「学問の復権」の必要性を、単なる精神論としてではなく、後述するような具体的な日米通商摩擦等における自分自身の経験からして、強く主張して来た。

日本の「国際化」、つまり国際社会との接触は、従来は日本企業の国際的活動を通して議論され、「国際摩擦」もその文脈において顕在化して来た。だが、戦後の日本経済の発展そのものが、「エコノミック・アニマル」という蔑視の言葉と共にイメージされて来たことを、ここで想起する必要がある。

経済効率や経済的合理性の追求が、戦後日本経済の復興と発展を生んだ。それは事実であろう。だが、「経済大国」から「生活大国」をむしろ志向する方向に、一時期、日本の基本的政策はシフトを始めた（石黒・世界情報通信基盤の構築七九頁参照）。だが、それでは「生活大国」とは何か。そこのところが、十分詰められていないし、よく分ってもいないまま、バブル経済崩壊を経て、経済こそすべて、といった誤った認識（本書第三部で扱う）に、いつのまにか戻ってしまう。すべてについて自覚・自己認識が曖昧なまま〝漂流〟する日本。——このことを、私は痛感せざるを得ない立場にある。この点は、本書においても重要な問題としてとり上げる。

◆経済学者とエコノミスト

近代経済学、とくに本書第三部で扱う新古典派経済学は、経済的合理人なるものを想定する。基本的には、価格にのみ反応し、一円でも安いものがあれば、必ず安い物を買う、という人のようである。世の中の出来事を、数式やグラフに乗るような、つまりは計算できる（メジャラブルな）ものへとモデル化し、設定されたモデルの中で、経済効率を基本的な指標として、一定の解を見出す。そして、現実へのあてはめが、何となくなされる。モデル作りのプロセスにおいて、無数とも言うべき、そしてしばしば非現実的な仮定が置かれているのに、である（石黒・法と経済二五頁以下、とくに四一頁注24を見よ）。厳密なモデルの世界にとどまるか、それとも「何となく」モデルと現実とを同視して演説を始めるかが、従来の経済学者といわゆるエコノミストとの、境界らしい（但し、石黒・法と経済一五頁注

9を見よ)。

けれども、昨今の日本社会の、軽佻浮薄を重んずるが如き風潮の中では、本当は大切な、議論の枝葉の部分がカットされ、むしろ、ややこしいことを言わずにもっともらしい発言をする人々が、やたらと珍重される。同じことは、アメリカでもあるようだ。最近は、一定の経済理論が、アメリカの通商上の政策決定において、都合のよい形で歪曲化されて来ていることへの、警鐘も鳴らされている。従来の日米経済摩擦において、日本側はいわばかかる歪曲を経た上でのアメリカの対日要求を、呑んで来た訳だから、それが世界経済に対して、どんなネガティブな影響を与えることになるのか。そこを直視せねばならないはずである。

◆グローバルな社会における正義・公平、そして公正

ともあれ、日本の基本的政策が、一時期ではあれ「経済大国」から「生活大国」へと、シフトしつつあったことを、どう考えるべきかの点に戻る。要するにそれは、経済効率や経済的合理性のみを考えているのではなく、それ以外の諸要素をも考え、とくに人々の生活の質(クオリティ・オブ・ライフ)を高めてゆくべきだ、ということを意味する。当然と言えば当然だが、そうした方向はもとより正しい。

ところが、日本国内で起きつつあったこのような考え方の変化が、現実の我々の世界においては、十分反映されていない(と言っても、のちに具体的に示すように、日本でも単なるプラカードが掲げられていたのみゆえ、大きな顔は出来ない)。一言で言えば、WTO設立に至るGATTウルグアイ・ラウンド

それ自体が、経済効率や経済的合理性を重視すれば足りる、と言うが如き価値観に押し切られた形になっているのである。

正義・公平、そして、濫用されることの多い公正というような、経済効率とは別なところにある、一層高次の価値を実現するためには、一体何が必要なことなのか。かくて、問題はこの一点にかかっている。そしてそれは、とくに一九八〇年代に入ってから急速に歪められてしまった我々の世界が、これまでどのような国際協調のためのメカニズムを有していたのかを、今一度検証してゆく必要性を、意味しているのである（本書第三部）。

◆ボーダーレス・エコノミー論とその余波

やはり一九八〇年代の日本企業の海外進出ブームと、その当時の世界的風潮を反映して、ボーダーレス・エコノミー論なるものが説かれた。ボーダーとは、国境のことである。経済活動は、国境を越えてどんどんグローバル化しているのに、古めかしい国家主権の壁が、それを阻害している。もはや、国ごとに別々な市場があり市場秩序がある、などと言っている状況ではなく、マーケット自体がグローバル化しているのだから、政府の側の規制も極力平準化し、あるいは緩和ないし撤廃し、自然な経済活動の国境を越えた広がりをサポートするようにせよ、との主張である。

とくにニューヨーク・ロンドン・東京の三極を基軸とする、とされて来た国際金融取引においては、日々のドル・円レートの変化に象徴されるように、取引のグローバル化は顕著である。そして、このようなボーダーレス・エコノミー論が、政府規制についての国際的調和（ハーモナイゼイション）を促進させ、さらには一九九三年末の、いわゆる平岩レポート（経済改革研究会報告――石黒・通商摩擦と日本の進路三五五頁以下参照）における、日本の規制緩和論とも結びついてゆくことになる。

だが、我々は一歩一歩慎重に進まねばならない。これだけ価値観の分裂した我々の現実の世界において、一体いかなる価値を基準としてハーモナイゼイションを行なおうと言うのか。実際には、力を背景としたアメリカナイゼイションと、真のハーモナイゼイションとが、混同されている場合は少なくない。そして、アメリカのうしろに世界があると考えたがる日本において、とくにこの傾向が顕著である。

◈いわゆる規制緩和論

同様の懸念は、平岩レポートで一つのピークを迎え、その後の規制改革・構造改革の流れ（本書第三部参照）へとつながるところの、日本の規制緩和論にもある。政府の規制を大幅に緩和ないし撤廃し、企業が自由に活動できる環境をつくれば、すべてがうまくゆくはずだ。そういった素朴な市場万能の考え方に立った立論である。だが、その源流はアメリカにある。

アメリカのレーガン政権の当時をピークとして、政府規制の非効率さが強く認識され、大胆な規制緩和策が、次々と打ち出された。航空運輸・金融・情報通信（テレコム）、等のサービス産業が、最も注目を浴びた分野であった。だが、アメリカの航空運輸業界では、規制緩和ブームと過激な企業買収（M&A〔マージャー・アンド・アクィジション〕）ブームとが連動し、結果としてかなりの寡占化が進んだ。わずかの強い企業だけが生き残り、市場を支配する形になったのである。そして、実は海外からの参入を一切合法的にシャット・アウトした上でなされた（！――第三章で後述する）アメリカの国内航空運輸産業の規制緩和（石黒・法と経済六一頁）の結果として、アメリカでのその後の主たる関心事は、消費者保護、安全確保、真の競争の維持へと、移って来ている。二〇〇一年九月一一日の、あのテロの前からそうなっていた、のである。

金融の分野でも、競争の激化から銀行の倒産等が増加し、そのため、一般の預金者を銀行の倒産に際して保護すべきメカニズムたる預金保険機構からの支払いが増大して、パンク寸前になった。これではいけない、ということで導入された銀行倒産の事前防止のための新たな規制が、野放図に強化されれる傾向にある。のみならず、それが普遍的な問題だとして、世界中で同じことがなされるようにするための、「アメリカ的法制度の輸出願望」が、ここでも顕著になって来ている。

また、損害保険についても、象徴的な意味を有する自動車の任意保険（アメリカには自賠責〔強制〕保険はない）に関し、規制緩和の先頭を走って来たカリフォルニア州の動きが注目される。保険料率自由化により、リスクの高い運転者には禁止的高価格（プロヒビティブ・プライシング）が料率として設定され、その結果、同州内の無保険車の数は三〇％にもなり、特定地域では九〇％を超えた。そのため、一九八八年の「住民提案」が採択され、その後同州は、アメリカでの再規制路線の旗手となったのである（石黒・日本経済再生への法的警鐘一二二頁以下、同・法と経済六七頁以下）。

テレコム分野での問題は一層根が深く、そのため、のちにまとめて問題点を示すが、規制を緩和すればすべてが丸くおさまる、といったレーガン政権時代の楽観論、即ち余りにも素朴な市場への信仰が適切なものかは、かなり一般的な問題として、大いに疑問である。

◆アメリカの規制緩和の目的

日本の昨今の規制緩和論は、少なくとも社会的風潮としてのそれは、アメリカの十数年以上前の動きが日本に、しかも目的意識を欠落させた形で導入されたもののように、私には思われる。目的意識の欠落とは、次のようなことである。即ち、当時、とくにレーガン政権下のアメリカは、規制緩和によりアメリカの巨大企業の力を一層強くし、それらのアメリカにとっての手持ちの駒が海外で大きな利潤を得ることによって、アメリカ経済の再生を狙っていたのである。そのための規制緩和であり、同様のことを他の諸国に強く求めたのも、その目的からであった。つまり、アメリカ産業の国際的競争力の強化という目的への、強烈な意識が、そこにはあった。

これに対して日本は、政府規制はすべて悪、市場での自由な企業活動（いわゆる競争原理）はすべて善、という単純な割り切り（新古典派経済学的なそれ）で、規制緩和ないしは規制改革・構造改革への流れの中に安住しようとしている。その単純な発想の中で、何が斬り捨てられようとしているのか。全体的視座の欠落したまま、いたずらに安易な方向へと流れてゆく今の日本の風潮の中で、何を言おうが駄目だろう、と一時は諦めかけた時期が、私にもあった。けれども、やはりそれは許されない。いくら雑音だと嫌われようと、言うべきことはすべて言う。それが、学問研究の場に身を置く者としての、社会的使命だからである（本書初版刊行〔一九九四年一二月〕以後の、私なりの営為のエッセンスが、本書第三部である）。

◈ボーダーレス・エコノミー論と日本の不幸、そして漱石の言葉

物事にきちんと筋を通し、理由をはっきり示した上で行動する――いわゆる躾の問題として一個人としてもそう教えられて来たし、そうあるべきでもある当然の事柄が、実際の日本国内での（多分に外国、とりわけアメリカとの関係でなされる）諸制度の改革や、日本の対外的発言との関係では、実践されていない。そもそも基本的なポリシーが一貫していない、等々。具体的にはすべて後述する。

もともと日本企業の国際的活動においても、エコノミック・アニマル的に単なる利潤追求のみが志向されていたところに、いわゆるボーダーレス・エコノミー論が説かれた。そうなると、何となくなされて来た「国際化」のあり方を深く反省することなく、このまま突き進めばよいのかも知れない、といった漠然たるムードに拍車がかかることにもなる。欧米、とりわけアメリカの企業を模範として国際的に活動して来た惰性で、アメリカ的規制緩和論にも日本の経済界は敏感に反応したがる。すべてが何となく（！）進行する。

「この国は滅びるね」といった類の言葉が、夏目漱石の有名な小説の中にあったかと思う。漱石は、文明開化以降の日本が、社会の発展のために必要な過程を一つ一つ丹念に踏むことなく、針でぼつぼつ縫って過ぎるだけであることを、深く嘆いていた。悲惨な国民という言葉も用いていた。私は漱石の嘆きを、日本の「国際化」という局面での問題を含めた上で、自分自身のものとせざるを得ない（本書第三部終章参照）。

かくて本書は、日本の国際化と国際摩擦を正面に据え、一見日本国内に閉じた問題と思われがちな問題についても、国際的視点を明確にしつつ論じようとする、嘆きの書であり、告発の書だ、という

ことになる。

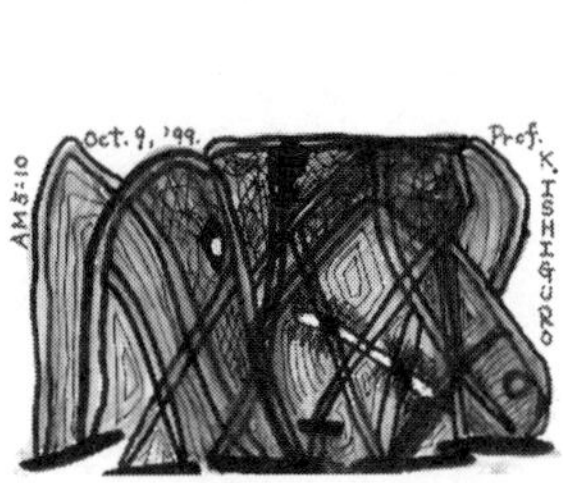

AM5:10
Oct. 9, '99.
Prof.
K. ISHIGURO

第一部

経済のボーダーレス化と国境

国際取引紛争の実態と国家主権

第一章　国家主権と国境

◈諸国家並存型の現実の世界

我々の世界は、それぞれが平等な主権を有する独立国家の並存、という形をとる。独立国家である以上、お互いが平等な立場に立つ。そのような諸国家の関係を規律するのは、国際法（国際公法）という超国家的な法であるが、それもこのような各国の平等を前提とする。もっとも、最近の日本においては、アメリカのような大国が、自らの強大な力を背景として他国の側に対して（国際法上のルールに基づかず！）圧力ないし脅しをかけて一定の措置をとれば、あたかもそれ自身が国際法上のルール（規範）になるかの如き立論も、ないではない（石黒・国際民事訴訟法三三頁以下）。アメリカの通商法三〇一条による一方的報復措置も、それ自体が国際法のルールを定立するものとなるため、むしろそれに（一定の要件の下で）従う必要がある、などとされる。だが、力は正義なり、と言うに等しいかかる立論は、もとよりおかしいし、基本的な誤解がそこにある。アメリカにもそんな考え方はないはずだ。

ともかく、国際法が諸国家の法（ロー・オブ・ネイションズ）とも呼ばれるように、それは、各独立国家の平等を前提とする。国際法上のルールは、基本的に慣習国際法（一般国際法）と条約とに分かれる。条約によりお互いの主権を一部譲りあって、特別な合意がそこで形成されなくとも、慣習国際法は常に、一般的な形で諸国家を等しく拘束する。

但し、条約で各国の法制度の平準化を実現しようと考えたとしても、国によって条約の法的な優先順位が異なる。しかも、同じことが慣習国際法についてもある。日本では条約・慣習国際法ともに、法律に対して優先する。だが、アメリカでは、条約は連邦法と同順位、慣習国際法の地位はもっと低い。この点は、各国の憲法体制によって、異なるのである（石黒・国際私法〔新世社〕一五五頁以下の注327を見よ）。この点は、単純に各国法制度の平準化を考えるハーモナイゼイション論者達の、最大の〝死角〟となっている、重大な問題である。

◈国境を越えた公権力行使の禁止

ところで、一定の問題が慣習国際法に反するか否かは、常にと言ってよいほど、争いの種になる。その中で、本書の内容とも深く関係する最も根源的なルールは、一国の公権力の行使は、他国の国家的同意のない限り、当該他国内ではなされ得ない、というルールである。例えば犯罪の捜査のため、ある国の公務員が外国に行って勝手に犯人や証拠を捜しまわる、といったことは、相手国の、正式な国家的同意（あらかじめ個別に条約が結ばれている場合もある）がなければ、してはならない。国境は、その意味では厳然とあるのであるし、この点は、昔も今も変わっていない。国境を越えた税務調査等も、同様に取扱われる。何が公権力行使にあたるかは、場合によって微妙な価値判断を伴うものとなるが（一部は後述する）、前記の如き典型的な場合の問題は、理解し易いであろう。

このルールを踏みにじれば、相手国の主権を侵害したことになる。国際法違反である（一九九四—九五年の日米自動車摩擦における〝実例〟につき、石黒・国際民事訴訟法四二頁を見よ）。この点が十分尊重されなければ、独立国家並存型の我々の世界の、基本的前提を維持できなくなってしまう。最近の日本の国際法学者の一部が、安易に伝統的な国家主権概念の変容を口にすることは、それ自体大きな問題であり、ミスリーディングなことである。

◈各国法制度の基本的平等

国際法上のルール（規範）が、各国の自由な政策決定や制度構築を制約している場合もあるが、それ以外の場合には、まさに独立国家であるからして、各国のフリーハンドで自国内のことを決め得ることになる。例えば一夫多妻婚を制度化しようが、同性どうしの結婚を認めようが、別に国際法違反ということではない。

だが、自国の国内法制度に慣れ親しんでいる者にとっては、それと大きく性格の異なる他国の法制度への違和感は否めない。国際取引の場合にも、国際的な家族関係についても、同じようなことが生ずる。それでは、このような国際的な法律問題は、我々の世界において、一体どのように処理されているのであろうか。

「社会あるところ法あり」という、昔からの法格言がある。しかも、独立国家並存型の現実の世界では、諸国家の法の基本的平等という前提がある。そして、現実の取引や家族関係は、国境を越えて営まれ得る。国家対国家の関係がそこで問題となる場面もないではないが、それらは基本的に私人（プライベート・パーソン）間の問題である。

そこで、伝統的には、各国が特別な国内法制度を別に用意し、国際的な私人間の（言い換えれば私法的な）法律問題を規律するルールを定めて来ている。もっとも、私法と公法という法の基本的な内容的区分のなされ方も、国によってまちまちであり（とくに英米型の法体系を有する諸国において特殊な理解があり、注意を要する。これは極めて重要な点である。石黒・国際民事訴訟法九頁参照）、厄介ではあるが、自国内での問題処理については、その国自身が必要に応じてこの点の判断を下すことになる。

◈国際私法ないし牴触法

このようなルール（規範）を定めたものを、国際私法と言ったり牴触法（コンフリクト・オブ・ローズ）と呼んだりする。国家間の法たる国際法を国際公法と呼ぶのは、国際私法（牴触法）と区別するためである。けれども、国際私法（牴触法）は、条約により各国が同じルールを採用しようとすることのない限り、各国が独自に定める国内法だということになる。牴触法と言った方が分り易い。要するに、国ごとに法制度が違う状況の中で営まれる国際取引や国際結婚等を、一体自国としてどう処理するか、というのがその規律の対象となる。

◈州ごとに法の異なるアメリカ

ところで、種々の意味で日々の我々の生活にとって身近なアメリカは、連邦国家である。アメリカ合衆国は、それぞれに主権を有する各州の連合体である。一口にアメリカ法と言っても、連邦法と各州の法とがある。そのアメリカでは、複数の州にまたがる取引関係や家族問題、それに交通事故や製造物責任等々が、前記の国際私法（牴触法）と同じような論理で、処理されて来た。州と州とにまたがるから、これを州際私法と呼ぶが、言葉はどうでもよい。ともかく、各州がそれぞれ独自の法体系を有し、私法的には各州間の法の抵触（コンフリクト）があるため、そうしたことが必要になるのである。もっとも、一九六〇年代前半までのアメリカは、他の諸国と同じような考え方（後述）で州と州、そして外国との間の法律問題を処理して来ていたが、その後は混乱の極と言うべき状況になって、今日に至っている。ある種の理論的革命が起きたのである。

アメリカで社会科学に関する理論的変革が起きると、それが他の諸国に直ちに欲するのが第二次大戦後の大きなトレンドであるが（最も端的なのは、近代経済学の場合であろう）、抵触法に関する革命はいただけない。私人間の関係を国家（州）間の関係に置き換えたり、各国（州）法制度の平等を前提にするよりも自国（州）法制度の結果的優先を説いたりする考え方が、強く主張されて来ているからである。

それともう一つ、従来の国際経済摩擦（通商摩擦）におけるアメリカの基本的スタンスと同様の問題がある。つまり、アメリカは通商問題との関係でも、ともすれば自国内で妥当することは当然に他の諸国でも妥当するはずだ、とのスタンスで、強圧的な態度に出る。それと同じように、（実は一九六〇年代前半の前記の革命の前から）アメリカにおいては州際の（州と州とにまたがる）法律問題の処理があくまで主であり、そこでの処理方法を直ちに国際的な同種の問題の処理に平行移動させる、といった傾向がある。あたかも世界中がアメリカ合衆国憲法の規律の下にあるかの如くに、である（前記の革命以後は、この点の問題が、一層大きくなったと言える）。

◆準拠法選択と外国法の適用

さて、以上の若干のまわり道をした上で、私人間の国際的な法律問題を処理するための、各国の国際私法（抵触法）による伝統的な方法について、一言のみしておこう。複数の国にまたがる法律問題について、自国法を優先的に取扱う、という前提は、まず捨ててかかることになる。まさに、各国法制度の平等を、強く意識するのである。その上で、事実関係を細かく調べて、その私人間の関係に最も密接な関係を有する国（社会）はどこかを決め、その国（社会）の法を適用するのである（そこで選択された法を「準拠法」と言う）。つまり、例えば日本の裁判所で、外国の法が適用され得る、ということになる。この方法論は、アメリカを除く各国でとられている、伝統的な考え方なのである（但し、アメリカでも外国法が準拠法とされるケースは、もちろんある）。

もっとも、外国法を適用すると言っても、その国の刑法その他、公権力行使に直接かかわる法規範を日本の裁判所で適用する、といったことはできない。国際私法（抵触法）上のルールも、日本の国内法であり、日本国憲法の下にある。日本の刑法と別な立場の外国の刑法を、日本の裁判所が適用して私人を有罪にする、などということは、出来るはずがない。また、そうしたことは、外国の公権力行使を、日本の中で、日本の裁判官の個別的判断で認め、エンフォースメント（執行）までしてしまうことを意味する。国際私法（抵触法）は、あくまで私人間の紛争処理のためのルールであり、そのようなことは、その射程外にある（第一部第四章で論ずる）。

もっとも、最近、太平洋戦争中になされた日本軍による中国人等の強制連行・強制労働等に絡む訴訟において、日本の裁判所の判例には、国際私法は私法の問題に限られた存在だから、そうした場合にはそもそも不適用だ、とするものが少なくない。だが、この認識は、実は正しくない。

一九七九年の在イランのアメリカ大使館人質事件に端を発する米・イラン金融紛争（後述）等の、一連の国際金融取引紛争においても、例えばアメリカの資産凍結措置という、純然たる公権力行使を目的とした措置の中の、私人間の契約とかかわる部分の適用可能性が、ロンドンの裁判所で、まさに問題となっていた。一九八〇年代半ば頃の米・リビア金融紛争、そして湾岸戦争時のイラク・クウェート資産に関する同様の措置についても、預金の払戻等との関係で、同種の問題が生じていたのである。そこでも、まさに準拠法の問題が、巨額の支払（米・イラン紛争では三〇億米ドル）を左右する、重大な問題となっていたことを、想起すべきである（石黒・国際私法〔新世社〕四一頁以下）。

◈外国の裁判の承認・執行

このような準拠法の選択・適用を行なうルールは、各国にある。だが、一体どこの国で裁判を起こすべきなのか。国際取引紛争においても、この点が重大な問題となる。どこの国（社会）の法で判断されるかが、違って来得るからである。各国は、準拠法の選択・適用に関するルールと共に、国際民事手続法と呼ばれる一群のルールを、それぞれ有している（アメリカではその双方が、州際・国際の両面につき、各州で基本的にバラバラである）。

私人が勝手にどこの国で裁判するか決められる訳ではなく、各国でそのためのルール（いわゆる国際裁判管轄に関するそれ）はある。だが、一層重要なことは、各国とも、外国法を適用するのみでなく、外国の裁判も自国で、一定の要件の下に承認し、強制執行までしてあげよう、という制度を有している、ということである。

日本の三大商社の一つが、東南アジアでの木材開発プロジェクトとの関係で、現地の取引相手から訴えられたケースがあった。東京高裁判決が下されたのは、一九八七年のことである（石黒・国際私法〔新世社〕二八四頁）。その際、相手方が日本の裁判所に出向いて来てくれたため、日本の国際私法で準拠法を定め、それは日本法とされた。一審判決で数百万円、控訴審判決で数千万円を、この商社は払えと命ぜられた。だが、それは現地の取引相手の請求額を、大きく下回っていた。

こうした国際取引紛争において、現地の取引相手が自らの国で裁判を起こしていたら、どうなるのか。もっと多額の支払がその国の裁判所で命じられることもあり得る。その前提として、現地裁判所での準拠法の決め方が日本とくい違うことも生じ得る。だが、一定の要件の下で、そのような外国の裁判が、日本で承認され得るのである。しかも、その際、日本の裁判所で選択される準拠法とは違うものが外国の裁判所で選択されていたとか、事実関係の認定がおかしいとかいった裁判の内容的当否は、一切問わずに承認せよ、とされているのである（具体的には日本の民事訴訟法一一八条〔一九九六年の同法改正前の二〇〇条〕、民事執行法二四条二項）。

◈国際取引紛争のダイナミックな展開

そこまで他国の法制度を信頼する制度が、国際私法（抵触法）上のものとして、日本を含め、諸国に既に存在するのだということを、忘れてはならない。だが、それも、あくまで国際的な活動を行なう私人の立場に立ってのことである。税金や罰金を払え、といった外国の裁判について、同じことが言えるはずはない。外国の税金や罰金等、そして、麻薬犯罪等で得られたマネーの没収にかかわる外国裁判があったとして、その国境を越えた執行（エンフォースメント）は、再び国家対国家の問題となる。この一連の問題は、第一部第四章で後述する。

ともかく、国際取引絡みの紛争をどうマネージしてゆくかを考えれば、これまでに論じて来たことからも、様々な法的テクニックが使用可能であろうことが、漠然とながら、つかめるはずである。それでは日本の企業は、こうした点について、どのような対処の仕方をして来ていたのか。ここで再び、「羅針盤なき日本」の問題に、戻ることになる。以上は、それを論ずる前提だったことになる。

第二章　国際取引紛争と日本企業の対応
――戦略的国際訴訟観の定着に向けて――

◈公正なゲームとしての訴訟

訴訟ないし裁判は、それこそ最も公正なゲームとして位置づけられる。家族関係の訴訟を考えれば、それをゲームだというのは冷たすぎるものの言い方だが、国際取引紛争を考えれば、ストレートにそう言える。公正なルール（法）に基づき、双方が言いたいことを言い、中立的な裁判官が判断を下す。初めから個々の紛争事実関係を度外視して一方の勝つことが決まっているような裁判は、もはや裁判ではない。例えば外国人たる当事者の主張など一切耳を貸さぬ、といった裁判であったとすれば、既述の外国裁判の承認・執行に際して、日本でもそれが拒絶される（なお、石黒・貿易と関税二〇〇〇年四月号一二四頁以下と対比せよ）。

さて、日本企業は、これまで国際取引に関連して、基本的な公正なかかるゲームを、一体どのようにとらえ、紛争処理を行なって来たのだろうか。

◈裁判沙汰を嫌う日本と訴訟社会アメリカ――その接点

日本社会全体にいまだに根強い感覚は、「裁判沙汰」という言葉に象徴される。もとより、日本の裁判制度は社会に深く根づいていないとか、そもそも日本人・日本企業は契約を守るという観念がない、といった外国側からの日本観があるとすれば、それはとんでもない誤解だし、おかしい（ところが、本書第三部で扱う規制改革ないし行革・構造改革問題との関係で、司法制度改革・国立大学の独立行政法人化・ロースクール構想等々の、全く情けない、日本の自己崩壊への過程としか思われない流れが、急である）。

けれども、日本でメジャーな企業どうしが本気で訴訟をしたり、行政庁相手に例えばＮＴＴが訴訟をしかけたりする、といったことがあまりないか、殆ど考えられない状況にあることは、たしかである（公正取引委員会の不公正な行政指導としての「警告」との関係で、貿易と関税二〇〇二年五・六月号の私の連載論文を見よ）。これと対比すべきは、訴訟社会アメリカの実態である。けれども、この点で日米はいわば両極端の状況にあり、多くの国々はその中間にあると見てよい。

面白いのは、訴訟社会アメリカの巨大企業が日本への進出を果たし、日本社会に順応（現地化）すると、多くの日本企業と同様に、概して訴訟多用型対応をしなくなることである。むしろ、アメリカ政府をたきつけて、自己の抱える問題をいたずらに通商摩擦という政府間の問題とし、日本政府に一定の約束をさせる、といった対応をすることが、とくに目立って来ている。これはそもそもフェアなやり方ではない（そうしたことを嗾《けしか》けるアメリカ側の議論への批判として、石黒・通商摩擦と日本の進路六四頁以下）。

もっとも、日本で会社が倒産し、会社更生手続（破産手続と違い、会社の営業は続けながら借金を返してゆくための手続。戦後アメリカから導入された）に入ったとする。その会社に対して融資等をしていたアメリカ（というか外国）系の銀行は、日本の銀行等の債権者と異なり、倒産会社を更生させてゆく上での種々の計画に対してアグレッシブに反対し、日本の管財人等を困惑させることがある。これは困惑する方がおかしいのだが、結果的に日本の債権者より有利な配当を受けたりする実例もある。倒産手続の基本は、同順位の債権者は平等に扱う、というところにある。うるさい外国債権者を黙らせるにはこれしかないから、といった軟弱な対応では、法治国家も何も、あったものではない。アメリカの対日圧力に屈してあいまいな妥協をして来た日本の政府・行政庁と、同じことを裁判所がやっては、いけないのである。それこそが、戦後の日本がアメリカから学んだ最も大切なことであろうし、かの「大津事件」を想起するまでもなく、「日本の司法の輝かしい伝統」であったはずである。ここは、少しの乱れも許されない、独立国家としての最も重要な砦である。

◆訴訟社会アメリカとロング・アーム・スタチュート

戦後の日本の置かれた諸状況からして、国際取引紛争も、主として日米企業間で多発した。しかも、一九五五年以来のアメリカでは、各州がロング・アーム・スタチュートと言って、アメリカとごくわずかの関連があるのみの取引関係等についても、アメリカで裁判を広く行なえるようにするための立法を、あいついで行なった。私人間の紛争処理のためのものであるから、国際法がそれにクレイムをつける、といった性格のものではない。国境を越えてアメリカ側から勝手に証拠調べ等を他国で行なう場合（国境を越えた公権力行使）に、国際法上の問題が生ずるに過ぎない。けれども、実際のアメリカのロング・アーム・スタチュートは、文字通り長い腕をのばして外国企業をどんどんアメリカの法廷に引きずり出す性格のものであった（もちろん、ゆき過ぎに対する調整原理は、アメリカにもそれなりにあるのだが)。

◆日本企業の初期の対応

日米企業間紛争への、戦後第一期の対応は、案の定、和解志向型のものであった。日本国内での極端な訴訟嫌いの対応を、そのまま外国絡みの取引にも反映させた結果である。訴訟社会アメリカの伝統そのままに、自国内に外国企業をどんどん引っ張り出して訴えるやり方にも、ゆき過ぎと思える点は多々あるが、日本的感覚で外国との関係も処理できると思うのは、もっと不見識である。

アメリカで訴訟が起きた、ということだけで、何とか訴を取下げてくれるよう、お金をつつんで持って行け、といったような日本企業サイド(とくに企業のトップ)の対応が、この第一期を象徴する。ところが、そのことがかえって、妙な経験則をアメリカ企業に植えつける結果となった。アメリカでは、脅しの意味もこめて、ともかく訴訟を起こす、ということがよくある。とても勝てるかどうか、と思っていても、訴訟を起こせば日本の企業がお金を持って飛んで来る。だったら、どんどん起こせばよい。

◆戦略的国際訴訟観への転換

かくて、極端な和解志向型の日本企業の対応が、かえってアメリカ側からの訴訟を多発させる結果を導いた。日本側の論理は、一度向うの言うことを聞いてやったら、つまり一度こっちが泣いたら、次は向うが泣いてくれるであろう、という日本社会独特のウェットな関係として、日米間の問題をとらえたものであろう。だが、所詮ドライな国に対して、そんな論理が通用するはずもない。

こうした対応がかえって自己に対してマイナスに働くことを、いわば身体で覚えた日本企業は、徐々に、「郷に入れば郷に従え」式に、相手方の論理に自らをあわせてゆく必要を感ずるに至る。

何が違うのだろうか。アメリカの企業は、日本企業のように、単に社長の知りあいだからという程度のことで顧問弁護士を決めたりしない。そもそも、契約締結の初期段階から弁護士が関与するのみならず、社内に弁護士資格を有する者を数多く擁していたりもする。日本企業のように、契約書は極力簡単にして、何か問題が起きたら、話し合いで……、などと考えずに、契約書の内容を細かく細かく詰めようとする。そして、訴訟は紛争解決のために必要で合理的なプロセスとして、考えられている、等々。所詮、国際取引なのだから、日本社会の中でのようには考えられないし、先方を見習って、訴訟を戦略的にとらえてみてはどうか。——こうした考え方の変化が、徐々に、痛々しい実体験を有する企業の中で、生じて来たのである。

◈日本の国際金融界の弱点——極端な法律軽視

だが、こうした変化は、日本の家電・コンピュータ業界やメジャーな総合商社等で生じて来たに過ぎない。日本の銀行・証券会社は、いまだ十分にこの洗礼を受けていない。これは極めて根が深く、憂慮すべき問題である。

もはや日米企業間紛争への日本企業の対応が第二期に入りかけている頃、某都銀が全く日本国内での融資案件につき、某在日外銀（米銀）から、しかもアメリカで訴えられた、というケースがあった。

その某都銀はすぐさまアメリカにお金を持って行き和解してしまった。妙な一枚紙の書類を米銀側に渡したため、紛争が起きたのだが、その一枚の紙が法的な約束事か否かについての法的チェックも、相当杜撰だったようである。それよりも、殆ど純粋に日本国内に閉じた取引なのに、なぜアメリカで訴訟を起こせるのか。この点はアメリカのルールに従ってアメリカで争っても、相当いい線までゆくはずなのに、それすらせずに和解してしまった（石黒・国際民事訴訟法一八九頁注473を見よ）。

この事例は、氷山の一角であるに過ぎない。ニューヨーク・ロンドン・東京の三極を中心に世界の国際金融が動く、と言われて来た。基軸通貨たる米ドルに対し、円の国際的地位は向上した、ともされて来ていた。だが、日本の国際金融界は、世界的金融システムの制度づくりのため、どれだけの提言を行なって来たのか。それは皆無に近いはずである。

なぜ、そうなのか。その一つの重要な原因は、日本の国際金融界が極端に法的・制度的な問題把握を軽視して来たことにある。私は強く、そう主張して来ている（石黒・日本経済再生への法的警鐘一七三頁以下）。

◈日本の国際金融界の発展――メーカーと何が違ったか？

戦後しばらくして、アメリカの公的規制を嫌ってロンドンを中心とする、いわゆるユーロ市場が形成された。米ドルに限らず通貨所属国（円ならば日本）以外で取引される通貨を、ユーロ・カレンシー（域外通貨）と言う。ヨーロッパ（ロンドン）に初めて市場が出来たからユーロ市場と言うだけである。域外通貨市場のことである（欧州共通通貨は、以前ＥＣＵ〔エキュー〕と呼ばれていたが、二〇〇二年、「ユーロ」の名で全面導入されてしまった。「ユーロ市場」と「ユーロ」をダブらせるのも、欧州なりの戦略としてのものであろう。今後は一層、混乱を避ける意味で、「ユーロ市場」のことを「域外通貨市場」、「ユーロ・カレンシー」のことを「域外通貨」と呼ぶという、石黒・金融取引と国際訴訟〔一九八三年刊！——もはや品切れ〕三、五頁の用語法の方が、ベターであろう）。

そこに、ある時期から日本の銀行・証券会社が参入し、着々と地歩を築いて行った。だが、各国にまたがるユーロ市場での国際金融取引において、頼りとなるのは契約書の中身である。いわゆる金融新商品の開発も、経済学・数学等を駆使したアイデアを、契約書の形で定着させなければ、実際には取引が動かない。

だが、こうした着実な「制度化」の視点は、常に欧米、とくに英米からのものであった。日本側は、いまだに英米主導で作られた金融商品を（小手先で少々変えて使うことはあっても）利用させてもらうことに甘んじているのである。そこが日本のメーカーの苦渋に満ちた努力とは、根本的に違う。

日本の自動車産業を始めとした各メーカーの発展は、戦後の荒廃の中から、つまりゼロから出発し、当初は外国からの技術を導入し、次第に自前の技術を開発し、その技術力とコスト・ダウンへの着実な努力によって、世界的に一定の地位を得た。その過程で、日米企業間紛争にも多く巻き込まれ、とくに特許等の知的財産権（知的所有権とも言う）への対応を含めて、その法務体質を強化させて行なった。このバイタリティが、日本の国際金融界（規制当局も含む）には、いまだに（！）欠けているのである（石黒・日本経済再生への法的警鐘一九六—一九七頁の、《Conflict of Laws から見た国際金融の全体像》のキイ・ワード配列の図を、そもそも彼らが、どこまで理解できているのか、の問題でもある。なお、同・一九六頁の図中の「不正行為請求と外貨」は、「不法行為請求と外貨」のミスプリである。サンプル的に、このキイ・ワードの背後にある「外貨とは一体何なのか？」という基本問題について知りたければ、石黒・国際民事訴訟法二五三頁注763を見よ）。

◆国際金融取引と法

金融の場合に限らず、十分な法的知識（しかも国際的な法律問題についてのそれ）なくして国際取引を行なうことについて、私はかつて、「橋なくして崖に一歩を踏み出すが如きこと」だ、と評した。ところが、日本の国際金融界においては、基本的かつ構造的に、このあたりの感覚が、著しく鈍い。海外の裁判所で国際金融取引に関する基本的問題が判断されようとしているときにも、日本では数少ないこの分野の専門家として言わせてもらえば、問題の十分なフォローすらしていない、ということがあまりに多かった。諸外国の国際金融界の反応とは、明らかに違う（違い過ぎる）のである。

例えば、一九七〇年代末からのアメリカ・イランの金融紛争（それ自体については、既に示したが、後述の域外適用の問題が絡む）や、八〇年代のアメリカ・リビアの金融紛争においては、次の点が問題となっていた。即ち、例えばロンドンで銀行間で取引される米ドル（ユーロ・ダラー）は、金銭（マネー）なのか否か、の点である。形としては一方の銀行が他方の銀行に預金をするという取引であり、お金を預けたのにお金でないというのは、一体どんな議論なのか。そう思って頂けたらしめたもので、次のステップで別途考えて頂きたいが、ともかく、これが大問題であることは明らかであろう。一体何がユーロ市場（域外通貨市場）で取引されているかすら分らずに、安心して取引など出来るはずがない。

だが、日本の国際金融界は安心し切って取引を続け、そうしてバブル経済崩壊後、エンドレスな萎縮過程に入り、今日に至っている。

◆銀行倒産ばかりが国際金融取引の法的問題か？

ところで、一九九一年七月以来、世界中で、BCCI事件という事件が、大きく取り上げられて来ていた。アブダビという国の資本をベースに、世界中で取引をしていたBCCIという銀行。しかも、それが複雑な企業形態（企業グループ）をなし、中心的な存在としては、ルクセンブルクで会社を設立し、イギリスに本拠地を有する形でのものがあった。グループ全体で妙な取引を数多く行ない、とくに麻薬絡みの取引が大きかった。麻薬絡み等で儲けた汚いお金を、次々といろいろな銀行に架空名義等で預け、本当の持ち主を分りにくくしてゆくことを、マネー・ローンダリング（資金洗浄）という。それを国際的にやったのである。事件が発覚し、アメリカを含む各国で、それらの資金を差押えたり、銀行自身を国の管理の下に置いたり、倒産手続を開始したりすることがなされた。日本国内のBCCIグループ内のある会社の支店も、清算手続に入っていた。

世界中にBCCI側に対して債権を有している者が、多数いる。各国の倒産手続等の調整も、いまだについていない。アメリカは、自国内のBCCI側の資産をいち早く押さえ、独自の道を歩もうとしていた。

こうした状況下で、さすがに日本でも、国際的な銀行倒産の法的側面への関心が、急速に高まった。それはよいことである（なお、石黒他・国際金融倒産〔一九九五年・経済法令研究会〕の存在に注意せよ）。

だが、ともすれば、国際倒産絡みの問題が国際金融取引に関する法的諸問題のすべてであるかのような錯覚が、日本ではあるのではないか。

倒産現象は、契約締結から履行に至る国際取引の全体的な流れの中の、一つの局面でしかない。そこが分かっていないように思われてならない。それともう一点、国際倒産法というのは、私人間の利害調整のための、つまりは私法的な(狭義の国際私法〔抵触法〕の)問題として位置づけられているが、アメリカのBCCI側資産の押さえ方は、既にして公権力行使(刑事没収)としてのものであった。問題の全体像の把握は、私法(民事)的ないわゆる国際倒産法を越えた部分を含めてなされるべきところ、日本ではそうなってはいない。さらに、国際金融取引に絡む銀行の国際的な倒産問題は、一九七〇年代半ばのヘルシュタット銀行事件(石黒・国際民事訴訟法九三頁注241)、一九八〇年代前半のアンブロシアーノ銀行事件等、種々の先例があり、その上でBCCI事件が位置づけられる形になる。だが、日本での議論はいきなりBCCI事件から始まりがちである。

針でぼつぼつ縫って過ぎるのみの日本。漱石の言葉を思い出す。なぜ日本では、問題の全体像を広く見渡し、一つ一つステップを踏んでじっくり考え抜くことがなされないのか。「羅針盤なき日本」の一つの局面が、ここにはある。

◈日立・IBM事件

さて、日本企業が戦略的国際訴訟観に転ずる重要な契機となったのは、一九八〇年代前半の、いわゆる日立・IBM事件であると言える。この事件は、多面的な考察をなすべき、重要な事件である。

まず、日米コンピュータ戦争の象徴として、この事件が位置づけられる。官民一体型の対日攻勢が、最もシステマティックな形で展開したからである。そもそもの発端は、アメリカが一九八〇年に著作権法を改正し、コンピュータ・ソフトウェアを著作権で保護しようとしたことにある。

通常、著作権と言えば、文学や絵画等について認められ、他人が勝手にある人の著作物を複製したりすることは、後者の人の有する著作権の侵害となる。誰に自己の著作権のライセンスを与え、その利用を許諾するかは、基本的には著作権者の自由であり、その意味での独占権が与えられる。同じことは、発明（技術的アイデア）について与えられる特許権についても言える。コカコーラやパーカー万年筆のような、商品に附される商標（商標権）をも含め、これらは知的財産権（インテレクチュアル・プロパティ・ライト）と総称される。

だが、果たしてコンピュータ・ソフトウェアを如何なる権利として保護すべきかは、日立・IBM事件の当時、日本では何ら方針が定められていなかった。

著作権・特許権・商標権等の知的財産権は、実は国ごとにバラバラの権利である。この分野では、ベルヌ条約・パリ条約等の多国間条約が以前よりあり、そこでこの点が定められて来ていたのである。例えば特許権の場合、各国で保護を受けるためには、一々それらの国々で特許出願の手続をとらねばならない。EU（従来のEC）のように、ゆくゆくは一つの国家たらんとするところでは、ある国に出願すれば、その域内の他の国々でも出願したことにする、等の便宜ははかられているが、基本は前記の点にある。

◈官民一体型の対日攻勢

ともかく、アメリカはコンピュータ・ソフトウェアを著作権で保護し、同様の立場を諸外国にもとらせようとした。この分野はアメリカ産業の国際競争力が最も強く、アメリカ経済の再生のためには、譲れない分野であった。ただ、ヨーロッパではアメリカのコンピュータ産業が実質的に市場を支配していたが、日本はそうではなかった。日立・富士通やＮＥＣ等といった日本企業の力が強かったのである（そして、その背後に、アメリカが最も怖れるＮＴＴ〔旧電電公社〕の研究所があった。本書第三部）。だが、ソフトウェアの方は、断然アメリカの方が強い。そこで、アメリカは、著作権法によるその保護を、政府レベルで日本に対して強く求めて来ていた。

アメリカが著作権にこだわったのは、十数年で保護期間が終わって、あとは誰でも自由に使える特許権とは違い、保護期間が死後五〇年まで続く（日本の場合。ドイツでは死後七〇年）といった著作権への手厚い保護に着目したからである。それと、特許権の場合、産業発展のため、必要があれば国家の側が（一定の使用料を支払わせた上で）他の者にその技術を使わせる（強制実施権の設定）、といったことも認められて来ていた。当時の日本の通産省は、プログラム権法といって、特許権寄りの法律をつくろうとしていたが、アメリカは強くそれに反対したのである。

そのような全体的な文脈の中で、日立・ＩＢＭ事件では、まずアメリカで多用される「おとり捜査」がなされた。それに引っかかった日本側企業が問題であることはともかく、アメリカで逮捕された日系企業の現地社員の写真が新聞に大きく報道される。日本のマスコミも大きく取り上げる。すると、不思議なことが生ずる。アメリカでは、逮捕され、起訴されても有罪となる率はずっと低い。日本では、有罪率は（最近はともかく、当時は）極めて高かった。同じ逮捕現場の写真を見せられても、日本では、国内での感覚そのままに、何となく既に有罪というイメージで、これをとらえてしまう傾向が生ずる。同様のことが、他国に対する情報操作の手段としてなされた場合の問題としても、これを把握しておく必要がある。

他方、「おとり捜査」は、アメリカでは頻繁になされるが、日本では、国家が私人を犯罪に誘うようなことゆえ、アメリカの刑事法とは基本的に異なる考え方が支配的である。そのような日米の差も、感覚的な問題把握がなされる結果、いつのまにか捨象されてしまう。これも考えねばならぬ点である。ともかく、まずアメリカの「官」が動き、それに連動して「民」、つまりＩＢＭ社が、自己のコンピュータ・ソフトウエアに関する技術を日立側が盗んだとして、アクションを起こしたのである。アメリカで刑事訴訟と民事訴訟とが、同時に進行することになったのである。他方、アメリカ政府は前記の対日圧力を続けていた。

◈ＩＢＭの戦略的訴訟観

アメリカのＩＢＭ社は、多数の社内弁護士を抱える点で、アメリカ最大の電話会社ＡＴ＆Ｔと共に、従来から有名であった。両者ともアメリカ司法省からの反トラスト法（独禁法）違反の訴訟についても、正面からとことん争い、その他の点でも、戦略的に訴訟というものをとらえる点で、典型的かつ代表的なアメリカ企業であった。

ＩＢＭは、ＦＢＩの「おとり捜査」から始まったアメリカの刑事訴訟とは別に、それと連動する民事訴訟を、同じ裁判所に提起した。だが、誰がその民事訴訟の被告とされたのかの点が、まず問題となる。

日立という会社のみならず、日立側の主要な技術者達の名前が、被告としてIBM側の出した訴状に、記載されていたのである。これは何を意味するのか。

技術者は、裁判沙汰を極端に嫌う日本社会にあっても、とくにこういった紛争（もめごと）に弱い体質を有するのかも知れない。それが、アメリカで被告となり、かつ、他方で、同一の出来事につきアメリカで刑事訴訟も起き、日米のマスコミが「やはりアメリカの技術を日本が盗んでいた」といったニュアンスで、大きく報道していたのである。これだけの状況下で、まともに研究開発一筋に打ち込める技術者は、一体何人居るであろうか。要するに、これはある種の心理作戦としての側面をも有するのである。

さて、IBM側が日立側に何を請求していたのかが、次の問題となる。一言で言えば、IBMの技術を日立が盗んでいたことを前提に、そのような日立側の、コンピュータの研究開発・製造・販売をすべてやめろ、ということである。その請求がそのまま認められ、日立側がそれに従うことは、日立側がコンピュータ業界から全面撤退するに等しいことを意味する。日立側は崖っぷちに立たされたことになる。

◈日立側の逆提訴――日米の訴訟合戦へ

日立側は、かくて目には目を、歯には歯を、の戦略に転ずることになった。日立側が日本の裁判所に訴えて出たのである。アメリカの裁判所でＩＢＭ側の請求している事柄には一切理由がなく、日立側は何らの義務（債務）をも負っていないことの確認を求める、というのが、この日立側の日本での訴訟の、眼目をなす。ＩＢＭを相手とする、いわゆる債務不存在確認請求である。

その結果、同一の紛争（民事訴訟）につき、日米それぞれにおいて、原告と被告とを入れ替えた形での重複的な訴訟の競合状態が生じた（これを国際二重起訴ないし国際的訴訟競合と言う。国際民事手続法という、国際私法（抵触法）の一部分をなす分野における、一つの問題類型である。石黒・国際民事訴訟法二五五頁以下）。アメリカはアメリカで、自己のやり方で準拠法を選択し、日本は日本のルールで、同じくこれを処理する。同一の問題につき、日米の裁判所で相互に矛盾した判断が出される可能性は、常にある。アメリカでＩＢＭ側が勝てば、アメリカ国内での日立側資産を押さえて損害の塡補にあてるだろうし、前記の日立側の研究開発・製造・販売（当時それらは主として日本国内で行なわれていた）の根っこの部分を押さえたければ、アメリカでもらった判決（一定のことを差止めるということで、差止命令〔インジャンクション〕という）の、日本での承認・執行を求めて来ることになる。日本側（裁判所）がそれを（当時の民事訴訟法二〇〇条〔現在の同法一一八条〕に照らして）承認するかどうかは、日本側が独自に決めることである。

これでは収拾がつかないではないか、とお考えになる方々が多かろうが、これが独立国家並存型の我々の世界の現実である。「対米配慮論」なる政治的妥協が裁判所を巻き込むようになっては世も末である。しかも、あくまでＩＢＭ・日立といった私企業間の争いとして、原理原則に忠実に、法の下での判断が、厳格に下されるべきことになる。

◆日立・IBM事件の知的財産権的側面

ところで、日立・IBM事件におけるIBM側のアメリカでの提訴には、基本的な弱点らしきものがあった。多少単純化して論点を示しておこう。

知的財産権は、国ごとにバラバラな権利だ、ということは既に述べた。その意味は、アメリカの著作権は、アメリカの領域内においてのみ保護される、ということである。基本的にはそうなのである（そのことを、「属地主義」と言ったりもする。詳細は、インターネット関連の問題も含めて、石黒・国際知的財産権二二三頁以下を見よ）。だが、問題のアメリカでの訴訟において、IBM側は、アメリカの著作権が日本で侵害されたかの如き前提に立って請求していた。これは、知的財産権の国際的な側面に関する通常の理解とは、相容れない主張である。しかも、当時のアメリカは、一九八〇年の著作権法改正で、ソフトウェアの著作権法による保護を認めていたが、日本はそうなっていなかった。

つまり、IBM側が著作権侵害を言い、日本での日立側の研究開発・製造・販売自体がその侵害にあたると言うのなら、そこで言う著作権とは、アメリカのではなく、日本のそれであり、しかも、日本の当時の著作権法からして、IBMの主張が認められるはずは、ないのではないか。――そういった日立側の、理詰めの（法理論に基づいた）対応が、日立側逆提訴を導いたのである。他方、日本での出来事を主として問題とする訴訟なのに、なぜアメリカで訴訟をしようとするのか。「おとり捜査」はアメリカでなされたが、IBMの眼は明らかに、日本市場での日立の活動を押さえようとする点にあった（富士通等も、訴訟にはならなかったが、IBMからの同様の攻勢にあっていた）。そもそも、アメリカでこうした訴訟をするのが、どこまで合理的なのか。むしろ、本来、日本で訴訟をすべき場合ではないのか（これは国際裁判管轄の問題である。石黒・国際民事訴訟法一三三頁以下）。

IBM側の対応と政治決着

ＩＢＭ側は、アメリカ政府の対日圧力（ソフトウェアの著作権による保護をせよ、とするそれ）を追い風として、アメリカで自己に有利に訴訟を進めようと思っていたのであろう。けれども、日立側が、日本で猛然と訴訟に打って出た。これには、さしものＩＢＭ側も、多少はあわてたようである。そこで、直ちに英米で従来より認められてきた外国訴訟差止命令（アンタイ・スート・インジャンクション）を出すよう、アメリカの裁判所に求めたりした。

外国訴訟差止命令は、後述のレイカー航空事件でも登場するが、英米に特異な法制度である。私人が外国裁判所に出向いて訴えるのを差止めるのである。今の場合も、日立側は本来アメリカの裁判所で被告として裁かれるのが筋であり、日本の裁判所で反対訴訟を起こすなどけしからん、ということになる。ちなみに、アメリカで外国訴訟差止命令が出されても、それを日本が、一般の外国裁判（民事裁判）の承認・執行制度の下で承認したりすることは、本来あり得ない。一般の私人間の（私法的な）利害調整のために下される裁判とは、異質なものだからである（石黒・国際民事訴訟法二一一頁以下を見よ）。

かくて、日立側の逆提訴は、実際上、かなりＩＢＭ側に対してもインパクトがあったし、それによって一方的にアメリカ側優位で進められていた論議の流れがかわった。とことん争うことによって、ある種のバランス・オブ・パワーが初めて保たれたのである。

ところが、ここで極めて残念なことが起きた。この訴訟が日米政府間の摩擦と連動する形で起こされた、という既述の経緯を想起して頂きたい。日本国内である種の政治の風が吹き、突然日立側が日本での訴を取下げ、ＩＢＭ側と和解したのである（中曽根政権の時代であることに注意。本書第三部で示す点との関係でも、石黒・法と経済四八頁注80を見よ）。純然たる企業内部の決定だったのではない、ということだけは、あえてここで言っておこう。それ以上のことは、いずれ歴史家が明らかにしてくれるであろう。

この訴訟が続けられておれば、その後の各国の知的財産権法の流れも、とくにコンピュータ・ソフトウェアの法的保護のあり方について、違っていたと思われるし、日本から世界に向けた貴重な法制度的提言も、なされ得たはずである（後述する）。

そして、日米政府間の懸案であった点、即ちソフトウェアの法的保護を著作権法で行なうか、特許法寄りのプログラム権法で行なうかの論争も、同様に政治的に処理されてしまった。即ち、後者を主張する当時の通産省が、著作権法の担当官庁たる当時の文部省（文化庁）に、敗れたのである。これは両省の力関係からして殆どあり得ないはずのことであった。このような日米間の問題処理（最終的には政治レベルでの「対米配慮論」の勝利）が、その後のＧＡＴＴウルグアイ・ラウンドにおける知的財産権問題の取扱いにも、大きく影響してゆくことになる。政治的な対米妥協型体質が、「羅針盤なき日本」の現状を変えようとする動きを、力で捩じ伏せ、世界の将来をも曇らせた、一つの例である（日本では曖昧なまま忘れ去られてしまって久しいことだが、一九八〇年代の末、アメリカは、今度は日本独自のコンピュータのＯＳ〔オペレーション・システム〕たるトロンの開発に対し、猛然とクレイムをつけた。この日米摩擦では、日本側は単純に折れてしまった。だが、実はそこでアメリカ側は、トロンによってマイクロソフトのMS－DOSの存在が脅かされることを懸念していた。日本側がそこでがんばっておれば、ウィンドウズ全盛の現在のパソコンの世界とは違った、よりオープンな世界になっていたかも知れないのである。この点については、貿易と関税二〇〇二年三月号六二頁以下を見よ。そして、同・七月号以降の、移動通信関連の連載を見よ)。

◈在日米軍基地建設談合事件

日立・IBM事件は、日本企業に戦略的国際訴訟観を植え付ける上での重要な契機となったが、いまだに業種ごとのバラつきがある。日本の国際金融界と共に、非戦略的・和解志向型の（要するに筋を筋として通さない軟弱な）対応のいまだ目立つのが、日本の建設業界である。その目に余る談合体質はともかくとして、これから論ずる問題展開の中で、その責任は極めて大きい。

一九八九年に、在日米軍基地建設談合事件が起きた。既に、日本の市場には、系列取引や談合ばかりが氾濫し、西欧型の競争原理など妥当しない、といった「日本異質論」が、冷戦時代の対ソ封じ込めの際と同様の意味あいで主張されていた。そして、同年、いわゆる日米構造協議（SII——英語の方の呼び名は、日本の構造的障壁を打破すべく政府がイニシアティブをとる、という意味の言葉になっていることに注意せよ）が開始された。

事件は、お定まりの談合事件であったようだが、ただ、アメリカ側が、アメリカで司法省が同国反トラスト法に基づき手続を進めるぞ、と脅す展開になった。日本側各社は、渋る一部の会社をも強引に説得して、巨額のお金を持ってアメリカに渡り、「裁判沙汰」のもみ消しに躍起となった。

◈日米経済摩擦と公正取引委員会

この頃から、アメリカ側がまるで自己の手足のように日本の公取委（公正取引委員会）を使って、自らの方針通りに日本の市場や取引慣行を変えようとしているかの如き傾向が、目立って来ているように、私には思われる。日米構造協議以来の流れにおいて、日本側も独禁法の厳正な適用を、事あるごとにアメリカ側に対して約束しているし、公取委側も水を得た魚のように、こうした流れを喜んでいるようである（石黒・貿易と関税二〇〇二年三月号六六頁以下、そして同・五月号、六月号の連載論文を見よ）。その後のある談合事件では、アメリカでよくなされるように（また、まさに後述のズワイ蟹輸入カルテル事件でもそうだったように）、企業の上から下まですべての者に独禁法を遵守させるべく確約させようと、したりもしている（但し、本書第三部で論ずる内外の一連の流れの中で、最近の公取委は、独禁法の厳密な適用から離れた、ある種の政策提言活動に重点を置き、極めて不透明な行政指導を連発しつつ、いわゆる規制改革に関する、〝霞ヶ関の司令塔〟たらんと腐心しているように見受けられる。それが公取委にとっての〝危ない橋〟であることも含め、この点については、石黒・同前二〇〇二年三―七月号以下の連載論文で徹底的に批判しておいた）。

だが、日本に拠点のない外国企業に対して、独禁法で規制（後述の、いわゆる域外適用）をしてゆくこともまた、独禁法の厳正な適用の一場面のはずである。その方向での公取委の研究会報告書も一九九〇年に出ていたのだが（石黒・国際民事訴訟法三四頁）、なぜかこの面では、その後公取委の沈黙が実に長期間続き、ようやく一九九八年に至って重い腰をあげた（ノーディオン事件）。アメリカが、公取委は専ら日本国内の問題に専念せよと言い、日本政府も「対米配慮論」から、そうしたことを求めているのであろうか。つくづく妙な展開である。

◆在日米軍基地建設談合事件とアメリカ反トラスト法

ところで、既述の在日米軍基地建設談合事件について、気になる点がありはしないか。いかに在日米軍基地の建設に絡んでいるとは言え、なぜ直ちにアメリカでアメリカ反トラスト法を適用してこれを規制する、ということが言われ得るのか、の点である。

日立・ＩＢＭ事件では、アメリカ国内でＩＢＭ側の技術が日立側に盗まれた、という点でアメリカとの関係があったが、ＩＢＭ側の請求の中身は、日本国内での日立側の動きを押さえ込むことに主眼があった。それと似たようなことで、日本国内での建設談合につき、アメリカでアメリカ反トラスト法が適用されることになる。

ただ、日立・ＩＢＭ事件は、私企業間の私法的な（つまり民事の）紛争であったが、この建設談合事件では、アメリカの官庁たる司法省が、自国の反トラスト法により、公権力の赤裸々な行使の形で、日本国内での問題をアメリカで処理しようとしていた。アメリカ（やイギリス）では、官庁が公的規制を行なう場合にも、裁判所に中立をし、そこで一般の私人間紛争処理の際と同様、民事手続（シビル・プロシージャー）が用いられておれば、もはやこれは民事問題だ、と考える傾向にある（本書第一部第一章の「各国法制度の基本的平等」の項と対比せよ）。だが、こうした理解は、ヨーロッパ大陸諸国や日本ではなされていない。

ともかく、これは、国家の公権力行使にかかわる法規が、どこまで他国内での出来事を、その射程内におさめて規制できるかの問題となる。第一部第三章で論ずる「国家法の域外適用」の問題である。そして、アメリカは、この意味での域外適用を、第二次大戦直後から、世界で最も烈しく行なって来た国でもある。

そのアメリカが、一九九二年四月、従来よりも一層烈しく反トラスト法の域外適用を行なう旨の方針を、明らかにした（後述するが、石黒・国際民事訴訟法二〇頁参照）。殆ど純粋に日本国内での出来事ををも、広汎にアメリカの論理で規制しよう、というのである。既述の在日米軍基地建設談合事件における、日本企業側の安易な妥協的対応が、この方向で突き進もうとするアメリカに、妙な自信を与えてしまった形になる。建設業界は、ともかくも自分の業界を守ろうとしたのだろうが、日米間の「見えざる戦争」としての経済摩擦は、もはや業種の如何を問わぬ全面戦争的なものであることに、彼らは気付いていなかったのである。

妙な妥協をすれば、すぐ次が来る。しかも、妥協を重ねるごとに、押し寄せる波は一層高くなり、荒れ狂う。これでは駄目だと悟り、この悪循環を断ち切るべく生まれた戦略的国際訴訟観は、自衛のためのものではある。だが、それによっていわば経験的に、日本は、物事の筋道をしっかりと語る必要性を、徐々に認識してゆくのである。それは、他者と語り、本当に理解しあうための、必要なプロセスのはずである。

第三章　国家法の域外適用問題と日本

1　どこまで域外適用が許されるのか？

◆域外適用とは何か？

「域外適用（エクストラテリトリアル・アプリケーション）」という言葉は、言葉自体があいまいである。域外適用の対象たる国家法とは、既に一言しておいたように、独禁法等（証券取引規制、外国為替管理法規、租税法等々）の公権力行使にかかわる一群の法規のことである。直接私人間の利害調整を行なう私法（民事法）ではない、非民事的・公的な規制について、域外適用が問題となるのである（そもそも公法と私法との区分のあいまいな英米、とくに既述の革命的な牴触法理論登場後のアメリカでは、概念の混乱がはなはだしい）。

それでは、域外適用とは、それらの非民事的法規を「域外で」適用することなのか。明確に否である。そんなことは、独立国家並存型の現実の世界からして許されない。「適用」は域内、つまり自国の領域内でなされる。その際、国際性のあるケースをどれだけ自国内にとりこんで公的な規制を行ない得るかが、いわゆる域外適用の問題なのである。

◈属地主義対効果理論？

ここで再び属地主義（テリトリアル・プリンシプル）という言葉が登場する。既述の日立・IBM事件で問題となったのは、私法的・民事的法規の一部たる知的財産権に関する属地主義であった。そこでは、特許権や著作権は、（もともとは多国間条約に基づき）国ごとにバラバラな権利である、という意味で属地主義という言葉が用いられている。これは、他の一般の私法的・民事的な権利とは異なる、知的財産権の特異な性格を示した言葉である。

これに対して、国家法の域外適用の関係で用いられる属地主義とは、一国の公的・非民事的な規制がなされ得るのは、規制対象行為（独禁法違反の行為、等々）がその一部でもその国の中で行なわれていた場合に限られる、という意味のものである。そうでない場合にかかる法規を適用することは、国際法（慣習国際法）違反となるという主張が、かつては強くなされていた。

これに対立する考え方が、効果理論である。一九四五年のアメリカのある判決（アルコア事件という）で、自国内に競争制限的な、つまりは自由な市場競争を阻害する効果が及んでおれば、自国反トラスト法（独禁法）による規制ができる、との立場が示され、それを契機として、各国での論議が活発化した。世界全体を見渡すと、そもそも独禁法を有していない国々の数の方が、いまだに多いのだが（但し、そうした中で、二〇〇二年から本格化するＷＴＯの次期交渉の中で、〝貿易と競争〟が議論されるのである。しかも、その競争の概念が歪んでいるのである。この点については、二〇〇〇年九月にブルネイで、ＡＰＥＣ〔アジア太平洋経済協力〕の会議用に配布された私の提出ペーパーの邦訳たる、貿易と関税二〇〇一年一月・二月号の連載論文を見よ。本書第三部で論ずる重要な問題が、そこにある）、イギリスは、主要諸国の中でも例外的に、効果理論に対して、基本的に否定的である。だが、イギリスも一九八〇年の立法で、アメリカの過激な域外適用の効果を減殺する措置をとる方向に転換し、それをアメリカと同様の範囲で域外適用して来ている（後述）。必ずしも、属地主義だけが国際法上認められた原理原則ではないのである。このことは、一九七二年の著名な各国国際法学者の会議でも、決議の形で認められているほか、ＥＵの独禁法、ドイツやスイスのそれ等々、各国でその旨の立場が示されている。

◈独禁法だけが問題なのではないこと

国家法の域外適用は、これまで独禁法の場合について、多く論じられて来た。だが、もとより、他の公的・非民事的法規についても、等しくこの点が問題となる。

いわゆる冷戦構造の終結までは、ココム規制（対共産圏輸出規制）の問題が大きかった。ココムとは調整委員会（コーオーディネイティング・コミッティ）の略であり、条約上の根拠はないが、日本を含めた西側諸国が集まって、各国の法規（アメリカの輸出管理法、日本の外為法、等々）を用いて輸出規制を行なって来た。そのための調整の場が、ココムだったということになる。旧ソ連圏が消滅しても、核拡散・テロ防止等の名目の下に、同様の輸出規制がなされ（ワッセナー・アレンジメントと言うが、それがココム同様、法的拘束力を有しないことに注意せよ）、しかも最近のアメリカは、自国法規制の一層の強化さえしている。

◆シベリア・パイプライン事件

かつて、シベリア・パイプライン事件というものがあった（石黒・国際民事訴訟法七五頁注46、九二頁注230）。とかく中近東は政情不安なので、西側ヨーロッパ諸国が当時のソ連（シベリア）からパイプラインを引き（天然ガスを運ぶのである）、中近東の石油へのエネルギー依存を改めようとしたのである。だが、ソ連側に十分な（民生用の）技術力がなく、そこで、西側ヨーロッパ諸国からの技術移転をし、パイプラインを建設することにした。

だが、それに対してアメリカが待ったをかけた。旧ソ連側への技術移転が、西側諸国の安全保障上問題だとして、アメリカの輸出管理法を適用（域外適用）し、ヨーロッパでソ連側との右建設計画に参加していた諸企業に対して、既に締結済みの契約を履行したら罰するぞ、としたのである。

このアメリカの姿勢に対しては、西側ヨーロッパ諸国の基本的なエネルギー政策の問題ゆえに、それらの国々からの猛反発があった。フランスなどは、契約どおりに履行せよと強制する法的措置を講じた。

この事件では、さすがにアメリカはのちに引き下がった。だが、そもそもの問題は、アメリカが自国の輸出管理法を域外適用する際の、根拠の乏しさにあった。アメリカは、西側ヨーロッパ諸国からソ連側に移転される技術の中には、もともとアメリカで開発されたものが少なくないことを主たる根拠とした。

だが、誰が考えてもそれだけでは、域外適用の根拠として十分ではない。独禁法の域外適用の場合にも、風が吹けば桶屋が儲かる式の微弱な効果が自国に及んでいるだけでは駄目であって、実質的効果が自国内にある程度以上深く及んでいなければならない、とされて来ていた。たしかにグレイ・ゾーンは広く残るが、この事例におけるアメリカの域外適用は、過度なものであり、国際法上も認められるものではなかった。

◆レイカー航空事件の経緯

一九八〇年代前半に、米欧間の国際航空運送をめぐって、とくに米英間で烈しく争われた事件として、レイカー航空事件を見ておこう（石黒・国際民事訴訟法二三頁以下）。そこでも、シベリア・パイプライン事件におけるが如き、企業が複数国の矛盾する規制の間にはさまって、進退きわまる状況が、現実のものとなった。

レイカー航空は、イギリスの航空会社であった。当時のイギリスのサッチャー首相は、国際航空運送についても規制緩和政策を打ち出し、新規参入する事業者による競争の活発化を求めた。国際航空運送は、各国の主要航空会社が、ＩＡＴＡという場で種々の調整を行ない、運賃の高値安定等を行なって来ていた。ある種の価格カルテルである。

レイカー航空は、ドル箱たる米欧間の国際的航空旅客運送事業に、極端な低料金で新規参入した。サービスは殆どないが、とにかく安いということで、顧客はレイカー航空の方にシフトし、各国主要航空会社は、ダメージを受けた。そこで、それら各社は、レイカー航空よりさらに安い運賃を、一時的に新たに設定し、顧客を取り戻した。運賃の安さ以外に売り物のないレイカー航空は、たまらず倒産した。

このような、新規参入事業者を専ら追い出すための低価格攻勢を、略奪的価格設定（プレダトリー・プライシング）と言う。レイカー航空事件はその典型であり、この点は、経済学者からももっと注目されてよいはずだと、私は常々考えている。略奪的価格設定は理論上は考えられるが、現実には起こり得ない、といった指摘が、経済学者によってしばしばなされているからである。

◆レイカー航空事件とイギリスの対抗立法

さて、これからの展開が面白い。レイカー航空はイギリスの会社である。それが倒産した。イギリスで倒産後の一連の処理をする管財人が選任された。ＩＡＴＡ加盟の各国主要航空会社の共謀によって、レイカー航空は倒産した。だから、それらの者の責任を追及する。けれども、レイカー側の管財人は、その訴をアメリカの裁判所で起こした。その請求につき、アメリカの反トラスト法の適用を主張したのである。

アメリカでは、日本の公取委に相当する「官」の側が反トラスト法をエンフォースするのみでなく、「民」、つまり私人の側にも広くそれを行なわせるための、インセンティブが種々与えられている。その一つに、三倍額賠償（トレブル・ダメージズ）の制度がある。これはイギリスにも他の諸国にも、日本にもない独特の制度である。通常の損害賠償の額を単純に三倍にして、請求をした私人に手渡すのである。レイカー側の管財人は、これを狙ったのである。

ところが、それではたまらんということで、被告たるイギリスの航空会社がイギリスの法廷に逃避し、イギリスで外国訴訟差止命令を求めた。日立・ＩＢＭ事件で、日立側の日本での反対訴訟の提起に対し、ＩＢＭ側がアメリカの裁判所に対して求めたのと、同様のものが、制度としてイギリスにもあるのである（日本にはない）。レイカー航空はイギリスの会社なのだから、三倍額賠償を狙ってアメリカで訴えるのはおかしい、というのがその理由である。同じくアメリカで被告とされた他の国々の主要航空会社も、次々にイギリスでのこの訴訟に加わろうとした。だが、レイカー側の管財人は、逆にアメリカの裁判所で外国訴訟差止命令を求めた。アメリカの裁判所でアメリカ反トラスト法に基づき裁かれるべき被告達が、イギリスの法廷に逃避するのは認め難い、というのがその理由である。

イギリスの裁判所では、最終的にはこの差止命令の請求が認められなかった。だが、そのかわりにイギリス政府が、いわゆる対抗立法を発動した。結果は同じようなことになる。外国訴訟差止命令によっても、この対抗立法（一九八〇年の通商利益保護法――その後オーストラリア・カナダも、イギリス同様の対抗立法を制定した）によっても、イギリスと一定以上の関係を有する私人に対して、アメリカでの裁判の進行に協力すること（文書等を提出することを含む）が、禁止されるのである。

かくて、米英双方が相矛盾する命令を出し、どちらかの命令に従えば他方から罰せられる状況が生じた。これは、一九八〇年代以降の国際取引を象徴する、一つの基本的な状況である。

◆裁判沙汰を嫌う和解と真の和解

こうなっては動きがとれない。結局、両当事者は裁判所の外で和解をした。だが、間違ってもらっては困る。とことん争った上でのこうした和解と、日米企業間紛争の第一期における（そしていまだに日本の国際金融界や建設業界等を支配する）法律軽視型・和解志向型のそれとは、質的に異なる。最終的な現象面は似ていても、その間に止揚（アウフヘーベン）の過程があるのである。

前記のレイカー航空事件からも知られるように、国境と国家主権を前提とする我々の世界では、突き詰めれば解決のつけようがない問題が、ときとして生ずる（石黒・国際民事訴訟法九〇頁注213を見よ）。そのような状況を前にすると、いわゆるボーダーレス・エコノミー論者は、だから各国法制度をハーモナイズさせればよいのだと、またしても単純に言うであろう。

◈安易なハーモナイゼイション論への警鐘

各国法制度を調和させ、世界国家と単一の世界法をめざそうという動きは、一九三〇年代はじめのヨーロッパで、一つのピークを迎えていた。そのときつくられたのが、手形・小切手に関する各国法制度を統一しようとする条約であり、日本もそれを批准している。けれども、アメリカがそれを批准せず、世界法の構築は、手形・小切手のような純粋に技術的な、各国の法的伝統や文化・風土とあまりかかわらない領域での問題についても、十分なものとはならなかった。そして、その後、一九六四年のある条約づくりをめぐって、ヨーロッパ主導型の、そして比較法学というこの種の問題を最も深刻に受けとめて来た法分野での一連の努力は、重大な理論的挫折を経験したのである。

それから四〇年近く、種々の各国法統一のための努力はあるが、かえって同じような条約が沢山いろいろな場で作られ、それらの批准国がバラバラで困る、といった状況が生じている。各国国内法の間の牴触が、条約相互の矛盾・牴触に移しかえられただけであり、相互に批准（締約）国を異にする条約相互の調整原理が、国際法上必ずしも十分でないため、かえって複雑な問題が生じている（石黒・国際私法〔新世社〕一〇三頁以下)。

こうした歴史を遡ることも十分にせず、何かと言うと「ハーモ、ハーモ」と口にする人々が、いかに日本には多いことか。かかる根無し草的なハーモナイゼイション論は、「羅針盤なき日本」において、最も顕著に展開されているのである。法制度の国際的調和をすると言うなら、それではどこをベースとして調和するのか。そう問うと、一斉に皆の目がアメリカを向くような気がしてならない。

一強国との調和は、必ずしも真の調和ではない。ヨーロッパ比較法学が一世紀近く格闘して来たのは、一体何が普遍的に妥当し得る根源的な規範なのかを求めての、全人格的作業だったはずである。そのことを、まずもって知るべきである。

◈ズワイ蟹輸入カルテル事件（一九八二年―）

さて、域外適用問題に戻る。一九九二年四月、アメリカ司法省は、アメリカからの輸出を阻害する海外での競争制限的行為に対しても、今後はどんどん反トラスト法を域外適用してゆく旨の方針を、発表した。しかもそれは、今まで通商法三〇一条（詳しくは後述するが、いわゆる一方的報復措置について定めた、悪名高い条項である）で日本を含めた諸外国の市場開放を求めて来たのと同様の状況をターゲットとしていた。通商法三〇一条を補完するものとして、反トラスト法の域外適用を位置づけるのである。

それ自体は、アメリカ反トラスト法の過激な域外適用実態からして、十分あり得る展開である。だが、そこには、ズワイ蟹輸入カルテル事件という、日米間の実際の事件が、例として明示的にとり上げられていた（石黒・国際民事訴訟法二九頁以下と、同・法と経済一六〇頁の論述とを対比せよ。後者は、本書第三部への重要な導入部分をなすものである）。

この事件の発端は一九八〇年前後のあたりに遡る。当時、日本で輸入水産物（とくにカズノコ）が投機の対象とされ、値段がつり上げられて、大問題（社会問題）となった。そこで、当時の水産庁や通産省が中心となって、秩序ある輸入をすべく、業界を「指導」した。その結果、水産物輸入協会という団体が設立された。

アメリカ司法省は、同協会等を通して、日本でアラスカ産のズワイ蟹を安く買い叩くための談合があった、との疑いをかけ、アメリカ反トラスト法に基づく調査を開始した。アメリカ反トラスト法に基づく規制を司法省が行なう場合、刑事訴追と民事の訴追とがある。司法省が裁判所に申立てる形をとるが、既に一言してあるように、「民事」と言っても民事手続が用いられるのみで、それがアメリカの公権力行使であることに、かわりはない。いくらアメリカ側が民事だと言い張っても、そこで出た判決の日本での承認・執行はあり得ないことに、まずもって注意を要する。

さて、被告としては、日本の主要な水産会社や総合商社等、計八社が名指しされた。被告八社は、刑事訴追ということだと大変だと考えて、盛んにアメリカ側と交渉した。そもそも、前記の如き日本の国内事情があり、いわゆる行政指導が官庁によりなされたことを力説した。だが、アメリカ司法省には、この際、日本の官庁のあいまいな行政指導と、官民一体となる日本国内の（彼等から見て）不透明な動きを封じ込めたい、という意図があったようである。種々の交渉の結果、アメリカ側は、民事訴追（その意味は既述）のみにとどめる、とした。

そこで一気にホッとして気が抜けた日本側は、実に妙な状況下に置かれてしまったのである。

◆ズワイ蟹輸入カルテル事件で何が命令されたか？

アメリカでは、反トラスト法に関して、同意判決という制度がある。実際に日本国内で談合があったかどうかの事実の認定は一切なされず、司法省と被告八社の間で、一定の合意が成立すると、それが公益に合致するかを一応裁判所が審査し、問題がなければその合意に沿った判決が、なされ得るのである（同意審決とも言われることがあるが、正確には右のように言うべきである）。

日本側被告八社は、刑事訴追を免れることに必死で、あとの詰めを怠った。そのため、あくまでアラスカ産ズワイ蟹の問題だったのに、この同意判決（つまりは司法省と被告八社との合意）において、いつのまにか、アラスカ産水産物全般につき、日本側が以下の約束をさせられる羽目に陥っていた（一九九四年秋決着、従ってまだＷＴＯもＧＡＴＳ〔サービス貿易一般協定〕もなかった頃の、日米政府調達摩擦において、アメリカ側が産品のみならず、「サービス」についても対日要求を行なうに至った経緯が、こうしたズワイ蟹輸入カルテル事件の展開と類似していることに、注意せよ。石黒・通商摩擦と日本の進路八七頁、九九頁以下）。

つまり、むこう一〇年間、アラスカ産水産物の輸入に関し、被告八社は一切情報交換をしてはならぬし、水産庁等の研究会その他においても、個々の被告の輸入計画について個別の情報を出してもならぬ（そうしたことを差止める――差止命令〔インジャンクション〕である）、とされた。また、日本国内でこの点に関し何らかの会合があって、アラスカ産水産物の輸入につき議論がなされた場合、被告八社は相互に連絡をとることなく、そこに誰々が出席し、何が議論されたかを一々アメリカ側に報告せよ、ともされた（報告内容にくい違いがあれば直ちに調査し、同意判決に対する違反があればサンクションを加えるのである）。そして、被告八社は企業のトップから現場の社員に至るまで、全員にアメリカ反トラスト法の基本を十分学習させよ、といったことまでが命じられたのである。

要するに、十分な事実関係の解明もないまま、同意判決の形で、日本国内での被告八社の行動が、がんじ絡めに縛られたことになる。しかも、この同意判決の効力は一〇年続く、とされた。一九八二年一〇月から一〇年、被告八社はひたすらそれに従い、かつ、こんなことが起きている、と「外部」には知られぬよう、事態をひた隠しにして来たのである。そして、一〇年たち、何社かは拘束を免れたが、残りの各社は、まだ監視が必要とされ、九二年一〇月以降も、アメリカの裁判所及び司法省の監督下に置かれ続けた、といったことが生じていたのである。

◆「過度な」域外適用の典型事例としてのズワイ蟹輸入カルテル事件

一部にはいまだに誤解があるのだが、このような形でのアメリカ反トラスト法の域外適用は、国際法上も「過度な」ものであり、認められない。私はそう主張している。誤解があるのは、そもそものはじめの経緯に拘泥して考えるからである。つまり、司法省の調査は、アラスカ産ズワイ蟹が日本側八社によって、談合によりアラスカで安く買い叩かれたのではないか、というところからなされた。買う行為はアメリカ国内でなされたから、既述の属地主義によっても、アメリカの域外適用は、国際法上認められる。そう考えられがちである。

けれども、そこに「時間」の要素（そして、実際何が規制されているのか、という点）を入れて考えねばならない。既述の如く、事実認定は何らなされていないが、過去にアメリカと深い関係を有する事実があったとしても、それだからと言って、一〇年間（そしてそれを越えて）という将来にわたり、日本国内での被告八社（そして間接的に水産庁等）の行動を縛る権限を、一体アメリカが有するのか。それは別問題のはずではないか。

なるほど、違法な行為の再発を防止するためにはそこまでのことが必要だ、とアメリカ側は考えるのであろうが、それはアメリカ反トラスト法（アメリカの国内法）の内部での規制方針でしかなく、国際法上の判断は、別であり得る。過去に一度何かがあった（らしい）からと言って、何でも規制してよいということにはならない。そして、アメリカとヨーロッパ諸国との間で、アメリカの域外適用が国際法違反だと争われた少なからぬケースが、これと同様の「域外的差止命令」の場合であったことにも、注意せねばならない。被告八社は私人であり、私人が同意したからアメリカが何でもできることにはならない。どこまで域外適用ができるかは、国家と国家との間の、国際法上の問題だからである（この点は極めて重要な問題である。石黒・国際民事訴訟法三二頁）。

◆アメリカ法の「過度な」域外適用と通商摩擦

ところで、アメリカは、反トラスト法に限って、かかる国際法違反の、過度な域外適用を意図しているわけではない。実は、一九九一年に日本で生じたいわゆる証券不祥事の際にも、アメリカの連邦証券取引委員会（SEC）は、日本の主要証券四社に対して、日本国内で、当時の大蔵省や国税庁、そして日本の裁判所との間で、不祥事関連で取りかわされた文書等があったら、すべて提出せよ、と命じていた（石黒・国際民事訴訟法二〇頁）。実際のこの証券不祥事は、殆ど全く純粋に日本国内での問題であった。それについて、アメリカの「官」の一翼を担うSECが自国法を域外適用するのは、国際法上、前記のズワイ蟹の事件と同様の位置づけになる。だが、日本の金融界の常として、規制者たる旧大蔵省の顔色ばかり見ていたためか、一体何が起きたのか、どうも彼等は全然分っていなかったようである。

アメリカの域外適用は、徐々にヒステリックなほど強化されつつある。今後の展開が大いに懸念されるのは、環境規制の場合である。一九九三年五月にワシントンD.C.で日米環境セミナーという会議があったが（石黒・超高速通信ネットワーク一四七頁以下）、そこでも私は以下のことを確認した。つまり、多くの公害事件で環境保護のためのシステマティックな法制度の整備（但し土壌汚染防止は遅れている）をしていた日本と異なり、アメリカは少し遅れて環境規制に乗り出した。そして急激にそれを強化した。その急速な流れが、がんじ絡めに何でも規制してしまえ、という方向に機能した（但し、二酸化炭素は例外）。

そして、極端なアメリカの環境保護論者は、外国の純粋に国内的な環境汚染であっても、どんどんアメリカの法を域外適用せよ、と主張して来ている。効果理論などどうでもよい。そんな手ぬるい対応では駄目だ。アメリカと関係なしに生きてゆける国などないのだから、ともかくアメリカの領域内で厳しく規制・禁止をし、間接的にその外国を（アメリカから見て）正しい方向に強制的に導くのだ、などとされる（ポスト・ウルグアイ・ラウンドのテーマの一つとして〝貿易と労働基準〟をとり上げようとする流れの背景にも、同様のことがあることに注意すべきである。児童労働等の劣悪な労働条件を認める国で作られた産品に対しては輸入制限を認めるべきだ、とする主張である。その実、安い産品の輸入で自国産業がダメージを受けることを、何とか回避したい、という思いが背後にある。石黒・通商摩擦と日本の進路二七九頁以下）。「世界の警察」を自任するアメリカらしい考え方であるが、諸国家の平等と真の協調の中で考えてゆくべき問題に、自国の価値観のゴリ押しは禁物である。かかる主張は国際法を無視したものであって、支持し難い。

◈対抗立法を越えて？

さて、レイカー航空事件について論じた際、イギリスの一九八〇年の対抗立法に言及した。アメリカの（反トラスト法に限らぬ）過度な域外適用に対して、イギリス政府は事あるごとに反論して来たが、事態が好転をしない。そこで、とうとう特別な立法がなされたのである。アメリカの裁判手続等に協力するな、と命ずるのみでなく、レイカー航空事件でも問題となった（アメリカに特殊な）三倍額賠償制度との関係でも、具体的な規定がある。三倍額賠償を命ずるアメリカの判決があったとする。アメリカで、私人がそれを請求して判決を得ても、この法律の下で、そのイギリスでの（外国裁判としての）承認・執行は禁止される。のみならず、通常の損害賠償額を越える部分につき、既に強制執行がなされていた場合、半ば自動的に、その部分につき取戻し（クローバックと言う）がなされる、と規定されている。まさに、目には目を、歯には歯を、の論理である。こうして、効果理論自体に原則として否定的だったイギリスは、アメリカの域外適用と同程度のそれを、対抗立法の発動の形をとって、行なうに至ったのである。

だが、レイカー航空事件で既にそうであったように、イギリス政府が対抗立法を発動しても、アメリカの裁判所は怯《ひる》むことなく、域外適用を続ける。実は、一時期アメリカの裁判所は、域外適用をするか否かの判断に際して、それをすることが外国の政策とどの程度衝突するか、等々を考慮しながら柔軟に（つまりアメリカの価値観のゴリ押しだけでなく）対応しようとした。だが、レイカー航空事件のアメリカ裁判所の判断は、そうした柔軟路線から再び強硬路線に戻ったものとしても、位置づけられる。

◆マーク・リッチ事件――国際税金摩擦

また、アメリカの域外適用に伴って非常にしばしば生ずる問題は、アメリカの当局や裁判所が、外国企業に対してその外国にある文書等を提出せよと一方的に命ずる際の問題である。例えばアメリカの税務当局等が、外国（例えば有名な銀行秘密規定を有するスイス）の銀行口座の中身に疑いがあるとして、この種の命令を出す場合の問題である（アメリカの税務当局に疑われたら、疑われた方の私人が自らの潔白を立証せねばならない。日本と逆である）。カリブ海諸国にも、しっかりとした銀行秘密規定がある。不用意にアメリカの当局や裁判所に文書等の情報を渡すと、罰せられる（スイスは刑法でこうしたことを禁止している）。だが、構わずアメリカ側は文書を出せと命ずる。

やはり一九八〇年代前半に、マーク・リッチ事件という、スイス・アメリカにまたがる事件があった（石黒・国際民事訴訟法二四頁以下）。アメリカの裁判所は、スイスの親会社・アメリカの子会社間の取引で、後者の所得を少なくしてアメリカの税金を不当に少なくしようとする価格操作（移転価格〔トランスファー・プライシング〕と言われる）があったとして、石油関係の多国籍企業たるスイスの親会社に、数年間のすべての原油取引に関する情報を全部出せ、と命じた。こうした漠然たる命令を出された方は大変だが、これがアメリカの普通のやり方である。だが、いかに脱税関連と言えども、スイスの側には、銀行の秘密に限らず、このケースのような場合にも、外国側に文書等を出したら罰する、との法律がある。のみならず、スイス政府は、事柄の重大性（国家対国家の平等な関係を脅かすものとしての問題）から、それらの文書を、先手を打って没収した。アメリカ・スイス間には、国家対国家で正式の要請があれば、スイス政府として自国法に基づき然るべく手続をとり、アメリカ側に文書等を渡すための、特別な取極（国と国が相互に助け合う、という意味で、これを「共助」協定と言う。後述）がある。そのルートでスイス政府への要請があるならばともかく、アメリカの裁判所が直接スイス企業に命令を出すなど何事か、ということである。

けれども、アメリカの裁判所は、我関せずとばかり、アメリカ裁判所の命令に従わぬそのスイス企業は、アメリカ裁判所を侮辱するものだ（「裁判所侮辱」という制度がアメリカにはあるのである）、として一日五万米ドルの罰金をこの企業にかけた。

◆スーパー・メジャーズとアメリカの戦略

一日あたりのこの種の罰金もインフレ傾向にあり、一日一五万米ドル位までは、私も具体的事例を把握している。ともかく、こうして、海外に銀行秘密規定等々があり、それらが一九八〇年のイギリスの対抗立法と同様に、アメリカの側からの域外適用を阻む機能を営んでいても、さらにその上を越えて海外の企業に強制的な命令を出す種々の牙（いわばスーパー・メジャーズ）を、アメリカの法制度は有しているのである。そして、そのような困難な状況下で日々営まれているのが、実際の国際取引だ、ということになる。

かつて私は、ボーダーレス・エコノミーなど成層圏での出来事のように思われる、と書いたことがある。地上世界では、前記の如き現実のあることを、忘れてもらっては困るのである。

それともう一つ、アメリカの各当局が自国法の域外適用をしようとすると、他の諸国には、種々の法規があってこれをブロックする。ブロックされてもその上を越え、力で押し切る手段は、あるにはあるが、うっとうしい。何とかならないか。そこで、ともかくそうした海外のブロック体制に、一つでもよいから風穴をあけておこう。——私がアメリカの立場だったら、そう思う。それから先は私の持論であるが、そこで着目されたのが「麻薬」の問題であった、と私は考えている。世界中の国々が、麻薬で悩んでいる。そこで、「麻薬撲滅」を錦の御旗として、国連の場で条約をつくり、その目的のためであれば、各国の銀行秘密規定(それが最も厄介な存在であった)を理由にブロックがなされる状況を打破しよう。そして、それを糸口として、さらに邪魔な存在を相対化してゆこう。——これが、いわゆる国連麻薬新条約（日本も批准した。一九九二（平成四）年条約第六号）作成作業にアメリカが力を入れた(麻薬撲滅それ自体とは別の)もう一つの理由であるように、私は考えている（石黒・国際民事訴訟法二九頁)。それから先のことは、第一部第四章で後述する。

2 「羅針盤なき日本」と域外適用

◆属地主義は絶対越えられない？

一九八〇年代の国際取引をめぐる現実の姿を、国家法の域外適用の問題に焦点をあてて、これまで見て来た。それでは、日本における自国法の域外適用問題の現状は、一体どうなっているのか。そこには、泣きたくなるほどの無理解が、いまだに支配しているのである。

これは、ここ十数年の間、私が霞ヶ関の各省庁の官僚達と議論して来て、ほとほと疲れてしまった問題である。つまり、属地主義は絶対だ、効果理論など一切認められていない、と彼等は頭から決めてかかっていたのである。それをちょっとでも踏み出せば、常に相手国（外国）の主権の侵害（国際法違反）になる、ということである。

◆公取委の「渉外問題研究会報告書」

何年もこうした論争を続けてゆく中で、私なりに嬉しいことがいくつかあった。まず、（実際にはもっと前に報告書がまとめられていたのだが）公取委に置かれた「渉外問題研究会」の報告書が、政府刊行物の一つとして一九八九年に出た（この種のものは政府刊行物センターで入手できる）。この報告書は、第二部で後に言及するダンピング問題（日本からアメリカ等に輸出する際、輸出先の国で不当に安く売ってその国の産業にダメージを与えた場合の問題）と独禁法の域外適用問題の二つを扱ったものである。そして、とくに後者については、私が（委員の中では一番若輩であったが、怖れずに）基調報告めいたものを、光栄にもさせて頂いた（貿易と関税一九九二年九月号二六頁以下を見よ）。

そして、「研究会としての意見」の形で、実質的に効果理論が認められたのである。「実質的に」と書いたのには理由がある。その当時、既に私は、霞ヶ関の官庁街が殆ど前世紀の遺物的な属地主義に凝り固まっていることを、深く憂慮していた。そこで、次のように主張した。

属地主義なら問題がないとよく言われるが、自国内での行為がどんなに微々たるものでも、規制対象行為の一部さえ自国内であれば、その行為の全体を自国で規制できる（そう漠然と考えられている）、ということが、そんなに合理的なことなのか。そこを考えてほしい。何故、行為ということにこだわるのか。ノミナルな自国内の行為をさらにノミナルなものに変えてゆき、それがゼロになった途端に、自国法の適用が不可能となる、といったことでよいのか。

そもそも、属地主義対効果理論と図式化して議論がなされるが、「効果」理論という言葉は、もともと国家法の域外適用問題が、主として独禁法をベースに議論されて来たことに由来する。その場合には、競争制限的「効果」（実質的なそれ）が自国に及んでいるか否か、という形で議論し易い。だが、（既述の如く）各種の公法的・非民事的法規につき、等しく域外適用が問題となるのであり、理論的には、種々のファクターを考慮して、自国との現実的関連がどの程度あるかが決め手となるのである。

そこから考えてゆくべきであり、その際、行為がどこで行なわれたかは、一つのファクターになるに過ぎない。そもそも、属地主義と効果理論とは、水と油のように異なった考え方ではなく、両者は連続的なもののはずだ、——等々の点を私は主張したのである。もちろん、その裏には、独禁法にせよ何にせよ、行為の行なわれる場所を海外にシフトさせ、そこから日本の市場の分割工作等を行なうことは、現状では容易であり、だからこそ、「行為」に着目するのみでは、規制上の抜け道（ループホール）が生じてしまう、といった配慮がある（主要諸国が効果理論を容認したのも、これが故である）。

かくて、公取委の前記研究会報告書は、属地主義の制約にはこだわらず、また、問題の企業が外国企業であって、日本国内に何ら自己の拠点（支店・営業所等）を有していなくとも、日本の独禁法を域外適用し得る、との立場を明らかにした。これは大きな進歩である。この報告書について論ずる者の中には、これは研究会と公取委事務局の意見であって、公取委の委員達がどう考えて行動するかは別だ、との見解を示す者もある。だが、この研究会には、公取委の委員長を始め、主だった委員は終始主席して、種々議論し、その結果としての報告書であったことを、忘れてはならない（更にその後、独禁法一〇条が一九九八年に改正され、従来の「国内の」の文言が削除され、域外適用が条文上も可能となった。会社による他の会社の株式保有の制限に関する規定である）。

◈ 産業構造審議会の一九九四年度版不公正貿易報告書

独禁法の域外適用問題について、この公取委研究会のような見解が示されたことは、重要なことであり、それを追い風として、私なりに他省庁との関係でも種々がんばった。その中で、旧通産省（現経済産業省）の関係の審議会（産業構造審議会）が一九九二年度以来毎年出して来ている「不公正貿易報告書」の、一九九四年度版に、注目する必要がある。

この報告書は、本書第二部第一、二章との関係で重要なものである。まさに「羅針盤なき日本」の矛盾した現状を変革するパワーの源泉が、そこにある。ともかく、この報告書は、外国から一方的に日本は不公正と言われるだけでなく、何が公正で何が不公正なのかを、理路整然と述べてゆくことに主眼を置く。日本語版・英語版を毎年ほぼ同時に出版する。通常この種の報告書は、英文はサマリーのみだが、これはその全文を英文でも出している。そして、海外に配布する（最近は、経済産業省のホームページでも公開）。今後も毎年これを出し続けること自体に、大きな意義がある。

この報告書は、独禁法の「過度な」域外適用（とくに一九九二年四月のアメリカ司法省の方針）が、通商法三〇一条の補完的手段となることに、初年度報告書以来、重大な懸念を抱き、論じて来ている。そして、三年目に至り、一九九四年度版には、前記の公取委の「渉外問題研究会報告書」をしっかりと踏まえた叙述がなされ、今日に至っている。私としては、三年目にしてようやく努力が実ったと感じ、嬉しかった。多少は「羅針盤」らしきものが見えて来た、という感じである。

◆国境を越える職業紹介等に関する旧労働省報告書

次に、旧労働省職業安定局が一九九三年に出したある報告書について（正式名は、「国外にわたる労働力需給調整制度研究会報告書」）。これは労働者の人権問題にも深くかかわり、報告書が出たのち、直ちに同省は報告書の線で制度改革を実施している。

なぜこの報告書が必要とされたのか。例えば中国から日本で働くために、多くの人々が来日しているが、日本で働く具体的職場と中国との間に、職業紹介等を行なう第三者（中国〇〇省の××公司等や、種々のブローカー）が介在する。紹介料等の金銭の流れも問題だが、それよりも、十分な配慮がなされることなく人々が日本に渡り、かなり悲惨な目にあう実例がけっこうある。日本の労働法では、職業紹介等を適切に行なえ、とする規制があるが、規制対象者（前記のブローカー等）が海外に居るときに、どうなるかが問題とされたのである（日本の労働者を海外で働かせる場合にも、同じ問題が生ずる）。

これは切実な問題である。個々の労働者の人権の保護が背後にある。そこで、この研究会報告書は、職業紹介等の行為が国外で行なわれていても、実質的に日本国内と深い関係があるならば、日本の「規制が及ぶと考えることが適当である」とした。説得するには、ここでも相当骨が折れたが、正しい選択だと私は信じている。この報告書では、属地主義万能の考え方についても若干の（後述する趣旨での）反省が促されている。

◈国境を越えるテレビ

けれども、属地主義万能の霞ヶ関的固定観念を十分には打破し得なかった場合も、残念ながら、あることはある。一九九三年六月に、当時の郵政省放送行政局から出た、「国境を越えるテレビ」と題する研究会報告書（政府刊行物）である。

問題は、衛星によるテレビ放送にある。日本国内の事業者が日本向けにそれをするためには、電波法等で規制がある。だが、問題は、日本国内に何ら自己の拠点を置かぬ外国の事業者が、外国で衛星を打ち上げ、日本をも衛星からのＴＶ放送の射程内とする場合が既にあり、しかも、当時近い将来、アジアを中心にいろいろな国の衛星のテレビ電波が、日本に向かって降って来る状況にあった、との点にある。当然そこで、日本法の域外適用が問題とされるべきことになる。研究会でも、消費者団体からの女性の委員などは、必ずしも青少年にとって好ましくない内容の放送番組が外国の衛星経由で流れて来る場合のことを、強く懸念した。私も同様の意見を述べ、域外適用問題につき（及び一部著作権問題についても）論じた。

しかも、この場合、電波は日本にむけて発射され、日本国内に現実に届いている。つまり、効果理論など必要ない。属地主義でも十分規制できるのである。のみならず、日本の領域内での行為は、何らネグリジブルなものではなく、この種のサービスの本質的かつ核心的な部分をなす。これを規制しないというのは、実におかしい。私は主張した。これでは日本の事業者ばかりが規制され、内外逆差別が生ずるし、規制（電波法等によるそれ）上の重大なループホールが生ずる。それで何故よしとするのか、と。

ただ、この研究会では、外国からの衛星テレビ放送が今後各方面から入って来るのは必至と見て、それでは逆に、日本の衛星からも外国（東南アジア等）に向けてテレビ放送をさせようか、といった両面の問題が議論されていた。今までは、規制により、日本の衛星事業者には、そうしたことが許されていなかったので、その規制を緩和しようという、別な意図もあったのである。

そのためか、むしろ、外国側政府と日本政府（郵政省）との個別の交渉を重視する姿勢がとられ、具体的な法制度の厳密な検討の比重が、多少低められてしまった。幸い、日本の「国内法の域外適用」には場合によって「必要となる」程度のことは書かれたが、はっきり言ってしまえば、域外適用問題についての理解ないし内部調整が、不十分なまま報告書が出されてしまったのである（但し、資料としては、前記の公取委や労働省のものなどが添付されている）。

◈日本の法規について属地主義が貫徹されているか？

さて、殆ど孤軍奮闘（と自分で言うのはおかしいが、事実だから仕方がない）の私の努力の中で、常に私の前に立ちはだかった霞ヶ関的固定観念は、属地主義は絶対乗り越えられない壁だ、というものである。とくに、法律を改正することになると、外国絡みのことゆえ、とくにその筋からのチェックが厳しくなる（そこで「その筋」にまで問題がゆかぬ形で対応せざるを得なかった場面もあった）。情けない気持ちで一杯だったが、そうした場合に私がどんな反論をしていたのか。その要点を以下に示す。

まず、属地主義万能と言うが、日本の法規の適用関係が全部それで説明できるのか、と問う。明治の頃に作られた刑法の条文をまず示す。そこには、一条に「国内犯」処罰、つまり、日本国内で行なわれた犯罪であれば誰が犯そうと罰する、とある。行為の一部でも国内で行なわれたら罰する、と解されている。属地主義である。だが、刑法二条は「国外犯」を処罰する場合として、内乱・通貨偽造等、それに一定のコンピュータ犯罪をも列記する。国外で誰がやろうと罰するのである。これは属地主義で説明できない。また、刑法三条は「国民の国外犯」として、罪を犯した者が日本人であるという要件を付加した上で一定の、放火・殺人・傷害、名誉毀損等々の罪を列記する。これも属地主義では説明できない、とまず言うのである。

要するに、刑法は、自国の側が有する重大な関心を根拠に、属地主義を踏み越える立場を、種々の罪を列記する形で示している。ちなみに、属地主義万能を唱える人々にありがちな誤解として、日本人、つまり日本国籍を有する者に対しては、世界中どこで何をしようと日本の主権が及ぶ、というものがある。それに対しては、刑法の「国民の国外犯」の規定が犯罪の重大さをも考えた上で規定をピックアップしている点に立ち戻って考えるべきだ、と切り返すのである。もっとも、刑法の定める「国民の国外犯」が、国際法上許されるギリギリのところとピタリ一致する線を示したものとは、必ずしも言えないが、ともかく、属地主義が万能でないことは、明らかである。刑事法は、各国がお互いに最も神経質な領域である。そこで既に、属地主義は、万能ではないのである。

◆海外の宝くじと属地主義

ところで、勝手に宝くじを売ったりしたら罰するという規定が、刑法にはある。けれども、この規定は、「国内犯」のみが処罰される。そこで、日本よりも賞金が高い外国の宝くじを日本の消費者に売るための仲介等をする者があらわれた。この者が、香港あたりから日本の消費者にダイレクト・メールや電話で種々アプローチして来たらどうなるのか。「国内犯」処罰、従って属地主義によることになる（インターネットのグローバルな展開の中での問題については、石黒・貿易と関税一九九九年一二月号六六頁以下の、国際会議での私の報告の邦訳を見よ）。その際、日本の当局では、郵便や電話で日本の消費者にアクセスするから、行為の一部は日本国内で行なわれており、国内犯として処罰できる、との見方が示された（石黒・国際民事訴訟法七六頁注54を見よ）。

だが、この場合、「行為」の行なわれた場所のみに着目するよりも、なぜそうした行為を規制（処罰）すべきかを率直に考える必要がある。香港あたりから、まさに日本の消費者をターゲットして一定のことがなされる。それにより、消費者（一般庶民）が不必要に賭け事的なことにうつつを抜かし、そこから国家として座視し得ない事態が、日本国内で広く生じ得る。昨今では、その規制目的も若干相対化して来たことは否めない。だが、それがこうした海外からのアプローチをも処罰の対象にしようとする、実質的な根拠のはずである。

つまり、属地主義だけで考え、「行為地」が日本国内か否かのみで判断すると、何故規制するのか、という実質的な規制の必要性ないし理由とは別のところでの判断に、いわば問題が矮小化されてしまう。一般の法的判断においても、方法論的にこのようなことは避けた方がよいと言われて久しい。やはり、問題を直視するためには、何が真の問題なのかという、その核心部分にあわせた議論をする必要が、あるはずである。

つまり、属地主義一辺倒だと、本当の論点がボケてしまう場合が少なくないのではないか、ということである。既述の労働省の報告書作成に際しても、私はこの点を強調した。海外からの職業紹介関連の行為も、電話やメールで行なわれることが少なくなく、前記の海外宝くじの場合と同様、行為の一部は日本国内で行なわれた、と言える。属地主義でも規制できる。だが、規制によって保護すべきものは何なのかを、正面切って論ずる必要がある、と力説したのである。同報告書は、この線に沿って書かれている。

◈外為法上のいわゆるユーロ円債規制

他方、こんなに域外適用してしまって本当に大丈夫かと思われる程に大胆な立場の示されている場合もある。従来の外為法（一九九七年に「外国為替及び外国貿易法」と法律の名称が変更になり、大幅な規制緩和がなされたが、その前の法律の名称は「外国為替及び外国貿易管理法」）二〇条、二一条の中にそれがあった。日本の通貨を用いて（円建てで）日本の外で証券を発行・募集する場合である。通貨所属国たる日本の外で（域外で）円が用いられるから、ユーロ円となる（既述）。それで社債を出す場合がこれにあたる、と考えればよい。円を用いて外国の企業が外国で大量の資金を調達する場合である。

その場合、「非居住者」という言葉が用いられる。そして、日本に居住していない者が外国で前記のことをするときは、常に日本の大蔵大臣の許可を受けろ、とあった。しかも、違反すれば懲役を含めた重い罰則があったのである。これを属地主義で、どうやって説明するのか（この点につき、現在は、改正後の同法二〇条七号と二一条により、許可については〝有事規制〟の対象となったが、五五条の三の一項九号で、やはり非居住者に財務大臣への報告義務があり、それに対する違反には、七一条二号で懲役又は罰金の制裁がある。つまり、問題の本質は、変わっていないのである）。

そう問うと、大体先方は黙ってしまうが、自国民に対して自国の主権が常に及ぶと考えるのと同様（そんなことは言えない）、自国の通貨に対する主権は絶対だ、と答える人も中には居た。だが、そんなことはないし、そもそも「主権」という言葉は、よくよくその意味内容を精査してから用いなければ危い。大体、円が使用されるから常に日本法が域外適用され得る（しかも刑事罰までつく）、などという考え方は、相当野蛮なものである。仮りに効果理論で考えてみても、これは行き過ぎではないか、と思うのが自然である。理論的にそれ（効果理論）を純化し、自国との一定限度以上の密接関連性（実質的関連）があれば域外適用できる、と考えても同じである（なお、一九九八年の銀行法全面改正に際して、同法五二条の二〇〔銀行を子会社とする外国の持株会社についての同法の適用〕に対する当局側の解説書には、域外適用について私と同じ立場が示されている）。

◆域外適用問題への統一的理解を欠く「羅針盤なき日本」

要するに、日本では、国家法の域外適用問題についての統一的視座が、何ら設定されることなく、今日にまで至っているのである（産構審の二〇〇二年版不公正貿易報告書でも、あいかわらず「過度な域外適用」の項には「競争法の……」との限定がついている。私は毎年改善せよ、と申し入れているのに、である）。実際、私はともかく、域外適用問題の日本での専門家の名を挙げよ、と誰に聞いたところで、既に還暦を迎えられた二、三名の研究者を除き、一体誰の名前を、自信をもって挙げられるのか、といった状況にある。法律の専門家に聞いてみるとよい。これが経済大国を自称する日本の、現実なのである。極端に法律学を軽視し、経済主導でどんどん、企業ベースで海外に進出し、そして今まさに〝構造改革〟の美名の下に、自らの墓穴を喜々として掘っている元大国の、実態がこれなのである。

本書で既に論じた、日系企業の海外での環境汚染事件を、想起して頂きたい。実はそこで一言したマレーシアでのARE事件と同様の事件は、多発しているのである（日本弁護士連合会の報告書も出ている）。それに対する日本政府のスタンスは、あくまで行政指導、つまり正面切って日系企業の海外での行動を規制するのではなく、業界や各企業を、良い方向に指導しようとするにとどまっている。ある審議会で、なぜそれしかしないのか、と私は問うた。反射的に返って来た答は、「そんなことをすれば、相手国の主権の侵害になるから……」、というものであった。よくある話だが、再び私は失望した（もっとも、相手は経済学部卒の官僚ではあったが）。

◈ 域外適用の「可否」と実際にそれをするか否かの政策判断とは別物

はっきりさせておこう。域外適用をし得るか否かは、これまで再三述べて来たように、国際法上の問題である。最近の日本の国際法研究者の中には、属地主義万能の議論はおかしく、効果理論（より正確に言えば連結点〔コネクティング・ファクターズ〕理論。その内容は既に述べてある）を採用しても問題ないはずだということ（正確には、それに近いこと）を、ようやく論じてくれる人も出て来た（石黒・国際民事訴訟法八二頁注129を見よ）。

ともかく、前記のマレーシアの事件でも、現地子会社は日本の親会社の所有と支配（コントロール）の下にあり、種々の点で日本との関係は濃密である。現地での出来事に対して、日本法の域外適用は十分可能である（この辺は、「効果」理論という独禁法オリジンの言葉では説明しにくいが、決め手は、基本的には日本とその出来事との密接関連性の程度なのである）。その上で、前記のズワイ蟹輸入カルテル事件について論じた諸点と、種々突き合わせて考えてゆく必要がある。具体的な規制方法として、どこまでのことが許されるかを、そこで改めて考えるのである（日本法の域外適用で、現地子会社に対して直接マレーシアでの操業を将来にわたって禁止する、等のことは出来ない。石黒・国際民事訴訟法四〇頁）。

また、常に国際法で認められたギリギリの限界（といってもグレイ・ゾーンは相当広いが）まで、実際に域外適用すべきかは、個別の政策決定の問題となる。既述の公取委の「渉外問題研究会報告書」でも、この点は、それなりにしっかりと押さえられている。域外適用し得る場合は、属地主義のみである場合よりもかなり広く設定できる。かかる域外適用の可否の判断においても、ある程度他国の政策との衝突の程度は、然るべく勘案されるべきだが（国際法上の要請として、である）、その枠内でどの辺まで実際に域外適用すべきかは、別途検討すべき政策課題だ、とされているのである。

◆アメリカに自国の法制度をあわせる程アメリカの域外適用は過激になる？

ところで、最後に、一つのパラドックスを示しておく。アメリカの法制度にあわせれば、日米間の摩擦は減るから、そうしよう、といったアメリカナイゼイション論（それを彼らは、非常にしばしば国際的制度調和と言う）が、昨今の日本でいまだに根づよい。けれども、それはアメリカの域外適用を、さらに過激なものにする効果を伴う。アメリカの域外適用の、オーソドックスな理論においては、相手国が対抗立法を持ち、それを発動する等の事情があれば、それを十分考慮して、場合によって域外適用をしない方向に傾く（但し、本書第一部第一章の最初の項目の末尾に示したように、アメリカにおける慣習国際法の地位は、日本などに比べ、かなり低い。また、域外適用をどこまで出来るかについて種々の利害〔利益〕のバランシング・テストをする際、それが国際法の要請に基づく、といった意識も、かなり稀薄である。既述の如く、各国が国際法〔条約も含む〕を自国の法体系上、どこに位置づけるかも、国によって異なっているのである）。

けれども、相手国がアメリカと同様の法制度を持っているならば、むしろ安心して域外適用をしてしまう、といったことになり易いのである。だったら相手国に任せよう、ということには必ずしもならないのである。この点は十分に注意すべきところである（石黒・国際民事訴訟法一六頁、七五頁注40）。この点を理解せずに、闇雲に日本の国内諸制度をアメリカにあわせ、友好的姿勢を示せば、日米摩擦は回避できる、と思い込んで動きまわる人々が、今の日本では意外な程多いのである。

第四章　国境を越えた国家間の協力（「共助」）と憲法

◆国際的な「共助」のメカニズムとは？

前章で論じた国家法の域外適用は、企業等の活動が国際化するに伴い、国家の公的規制も国際化する、という必然的な流れの中で生じて来た問題であった。だが、一国の公権力行使は、他国の国家的な（国家としての正式な）同意なしには他国内には及び得ない、という基本的前提を踏まえたものであった。

この前提は動かし得ない。だが、そのことによって、例えばある国が課税をしたのに、その国の中にある資産をパッと国外に移転することによって、いともたやすくその国の課税権を逃れる、といったことが生ずる。罰金等の刑事罰についても、同じことが生ずる。しかも、各国は、同じような悩みを、お互いに有している（電子マネー、とくにネットワーク型のそれが普及すれば、問題のマグニチュードは、殆ど爆発的に大きくなる。石黒・世界情報通信基盤の構築二二七頁以下の同書第Ⅲ部、及び、同・グローバル経済と法三七九頁以下の同書Ⅱ、更に、同・日本経済再生への法的警鐘二六一頁以下、二七〇頁以下を見よ）。

そこで、国家と国家の間で、あくまで平等な立場で、このような事態に対処するための約束事をする、といった展開になることがある。これを（国際的な）「共助」という（石黒・国際民事訴訟法五九頁以下）。

実際には、けっこう多様な「共助」のメカニズムがある。通常の国際的な民事訴訟でも、被告が自国内に拠点のない外国企業や、外国在住の者である場合には、その者に対して「訴状」をどうやって送り届ける（送達する）かが問題となる。訴状が被告に送達されてはじめて、手続が進むことになるが、国境を越えて他国内に居る者に送達することを、その他国の側で主権の行使ととらえる場合も、少なくない。もちろん、日本の民事訴訟法でも、どうしようもない場合には、裁判所の入口の掲示板に紙を貼っておいて一定期間後、被告に訴状が送達されたものとして扱う、公示送達という方法もある。海外の被告にはたしかに不利だが、日本で訴えねばならぬ原告側の裁判を受ける権利（憲法で保障されている）も、保護しなければならない。公示送達は、ギリギリの国家的選択による、フィクションである。

そこで、同じ問題を抱える国家間で、「共助」の協定を結び、外交ルートで訴状を送達することが考えられるに至る。証拠調べ等でも、同様のことがなされる。裁判所の手続との関係での「共助」ゆえ、これを国際司法共助と言う（外国の民事判決の承認・執行は、共助とは異なる。あくまで承認する側の国の自主的な決定に基づき、国際的な事業活動や生活をする私人の立場に立って、承認・不承認を考えるのである）。

だが、以下で主として取り上げるのは、一般の民事裁判の場合ではなく、行政庁の行なう公権力行使についての「共助」である。最も端的な共助のメカニズムとして、国際的な税の徴収共助の問題を、まず見ておこう。

なお、あらかじめ一言しておきたいことがある。本章で扱う問題については、日本で殆ど理論的分析のメスが入れられていない。だが、「国境」の有する意味を突き詰めて考える上では、避けて通れない問題のはずであるし、じっくり考えれば基本的な憲法問題に突き当たる。つまり、ここでは、「国境」を強く意識するということは、自国の憲法上の要請を突き詰めて考えることと、殆ど同義なのである。安易なボーダーレス・エコノミー論とは反対の極にある、「国際協調と憲法との緊張関係」を、しっかりと見据える眼が必要なのである。そしてそれは、「羅針盤なき日本」における、浮き足だった様々な漠然たる議論や一般の風潮に対する、重大な警鐘でもあるのである。

◆国際的な税の徴収共助

日本は、数十か国との間に、二国間の租税条約を結んでいる。他の国々も、相互に同様のことを行なっている(このような二国間の条約ネットワークが世界中に張りめぐらされている分野として、国際航空運輸がある。石黒・日米航空摩擦の構造と展望で詳論した。かくて、「課税」・「航空運輸」ともに、本書第三部第一章で言及するOECDのMAI〔多数国間投資協定〕案やWTOの枠組に、組み込まれにくい一面を有していることに、注意すべきである)。

国際的な事業活動を行なっている者にとっては、複数の国で重複して課税されることが、重大な意味を有する。仮に税率四〇％で二国で課税されたら、所得の八〇％を持ってゆかれることになる。健全な国際的事業活動にとって、この点は深刻である。そこで、このような国際的二重課税の防止が、二国間の租税条約の締結を各国に促す、第一の理由となる。

他方、国際的な脱税の防止も、租税条約を結ぶ上での重要な理由となる。国際的な税の徴収共助は、そのためのものである。一九八六年にＯＥＣＤ（経済協力開発機構）で、多国間の税務執行共助条約が作られた。そこでは、締約国間で、ある国の国境を越えた税務調査に、相互に協力すると共に、徴収共助の規定も盛り込まれている（日本はまだこれを批准していない。その屈折した理由を含めて、石黒・国際民事訴訟法六三頁）。

日本は、アメリカ、韓国、パキスタン、タイ、フィンランド、ルクセンブルク、ノルウェー、オランダといった、多様な法制度を有する国々との間の二国間租税条約において、徴収共助についての規定を置いている。それらの国から、自国で取立てられなかった税金を、日本の国内のタックス・ペイアーの資産から取り立ててくれ、との要請があると、どうなるのか。日本側がこの要請に応ずるべきだと主体的に判断することが、まず必要である。要請に応ずるとの判断がなされれば、あとは、日本の国税・地方税と同じ扱いをして、徴収がなされるのである。既に一九六九年に、そのための（租税条約の実施のための）特別法を、日本は制定している。

◈租税条約上の徴収共助規定と憲法

私としては、このような税の徴収共助（公権力によるエンフォースメントを伴うので、執行共助と呼ばれる）の制度は、実際にも必要である、と考えている。だが、気になる点がある。それは、憲法との関係である。

日本の憲法上の大原則として、租税法律主義というものがある。租税（税金）は、赤裸々な公権力行使により徴収される。そこで、国家の側が勝手に税金を取り立てることのないよう、国会で国民の代表によって審議されて制定される法律によって、何についてどれだけの税金がかけられるのかを明確に定めておかねばならない、とされるのである。そして、租税法律主義は、憲法という日本の法体系上の最高位の法規範によって命ぜられている。従って、それよりも下位の条約によって、憲法上の租税法律主義を空洞化することは、出来ないことになる。

ところが、租税条約に基づく外国の税金についての徴収共助の場合、大変に面倒な、だが極めて基本的な憲法問題が、生ずることになる。つまり、日本の法律のどこを捜しても、何についてどれだけの税金をとる、という具体的なルール（法規範）は、存在しないのである。そのような具体的なルールは、外国の租税法の中には定められているのだろうが、日本国内には、租税条約中の規定と、それを日本国内で実施するための特別法しかない。いわば、具体的な規律の中身が、日本に対して自国の税金の徴収を要請して来る外国の法秩序に委ねられているのである。

それで、日本の憲法上の租税法律主義を、クリアーしたことになるのであろうか。

◈ドイツの連邦憲法裁判所の判断

ドイツには、憲法問題について最終的な決着を下す、連邦憲法裁判所という特別な裁判所がある。そこで違憲とされた法規は、もはや適用できなくなる、という強い権限が与えられている（日本の最高裁には、そんな強い権限は、与えられていない）。

ドイツで、オーストリアとの条約上の税の徴収共助規定に基づき、オーストリアの税金（関税）をドイツの課税当局が徴収しようとし、紛争が生じた。ドイツ連邦憲法裁判所に、この事件が持ち込まれた。タックス・ペイアーの側は、ドイツの租税法律主義に反し、憲法違反だと争った。有力なドイツの憲法学者の鑑定意見を踏まえての主張である（石黒・国際民事訴訟法六三頁以下参照）。

だが、最終的にドイツ連邦憲法裁判所は、合憲の判断を下した。問題は、その理由づけである。私の見るところ、結局は次のような実質的配慮が決め手とされていたように思われる。即ち、憲法問題をリジッドにとらえてゆくと、国際的な脱税を防止するために必要な、条約による税の徴収共助制度を維持できなくなる。だから、何としても合憲にせねばならない、といった考え方である。

だが、これはかなり危険な考え方である。自国内でできないことを、他国と条約さえ結べば出来るようにする。この発想によって、人々の基本的人権が、容易に踏みにじられることにも、なり得るからである。

ドイツ連邦憲法裁判所は、このような実質論とは別に、次のようにも述べていた。少し法技術的な話になるが、オーストリアの税金をドイツで取立てる際、ドイツの実体的課税権は発動していず、単に手続的な課税権のみが発動されている。だから、合憲だ、としたのである。ややこしい議論であるが、詭弁に近い。

どういうことかと言うと、実体的、つまり課税をするときの中身（何についてどれだけ税金をかけるか、ということ）については、もともと税金をかけたオーストリアの課税権のみが発動されている。ドイツの側は、条約上の義務に従い、右のことを前提にして、手続的な課税権を発動したに過ぎない——つまり、これこれの税金をかけるという外国側の決定に従い、ドイツの税金取立てのメカニズムを動かしたに過ぎない、とされたのである。

これは、到底納得できない理由づけのはずである。納税者（タックス・ペイアー）の側から見れば、問題は明らかである。そもそも、ドイツでも日本でも、実体・手続両面につき、租税法律主義が貫かれねばならない、とされている。実際に税金をかけられる者の側からは、条約があるからといって、なぜ右の実体面での憲法上の制約が、取り払われてしまうのか、その点の理由こそが問題なはずである。

◆国際協調と憲法

それでは、前記のような判断が、ドイツの学説でどう評価されているのか。要するに、既に示した私の疑問と同様の見地から、合憲かどうかは、極めて疑わしいとされつつも、実際の事件が、ドイツとオーストリア間で起きていることが注目されている。両国ともドイツ語圏であり、法体系も著しく近似している。その特殊性が、辛うじて右の連邦憲法裁判所の判断の、結論を支持し得るかも知れない、とされるのである。つまり、全然自国と異なる法体系を有する国との間の税の徴収共助について、それまでを直ちに合憲とする趣旨ではあるまい、とされているのである。

そう思って調べてみると、ドイツは、自国の法体系と類似する面のある国々としか、税の徴収共助の条約上の規定を有していない。だが、日本はどうか。既述の如く、様々な法体系の国と、既にこの種の規定を有している。ドイツ連邦憲法裁判所の判断を辛うじて基礎づけようとする右の理解でも、おそらく救われない。だとすれば、一体どうなるのか。

この場合に限らず、昨今、国際協調がしきりに強調される。だが、国際協調と憲法との緊張関係は、湾岸戦争やアフガン問題の際の自衛隊の海外派遣のような、マスコミがすぐ飛びつく場面でのみ問題となるわけではない。そのことを、ここで私は最も強調したい。

◈ 双方可罰性の要件？

それでは、租税条約上の徴収共助規定と憲法との関係を、どう考えてゆくべきなのだろうか。若干整理すれば、租税条約中の規定は、共助（執行共助）のための枠組を決めているのみである。自国の安全等に反すれば相手国からの共助要請を拒絶し得る、という規定は条約中にある。けれども、あまりに漠然とした規定内容であり、それでは憲法上の租税法律主義の要請を、クリアーできない。漠然たる課税要件を定めるのみでは駄目だ、とされているのである。租税「法律」主義なのだから、「条約」は「法律」よりも高次の法規範ゆえ……、といった屁理屈は通用しない。国家公権力の行使を受ける私人の立場に立って、憲法上の保障の意義を、真剣に受けとめねばならない。

私は悩んだ。そして、少しずつ何と比較して考えてゆけばよいのかが、おぼろげながら摑めて来た。比較すべきは、国際的な犯罪捜査等のための「共助」の場合であろう、と私は考えている。そこでは、従来から「双方可罰性（デュアル・クリミナリティ）」ということが、外国からの共助要請に応ずる上での要件とされて来ているのである。要するに、外国からの犯罪捜査への協力要請や、犯罪人引渡要請といった形での共助については、その犯罪が自国の刑法においても犯罪になる（可罰的である）ことを確認した上でしか、共助には応じ得ない、とされて来た。

実は、罪刑法定主義という刑事法の基本的かつ憲法上の大原則がある。犯罪と刑罰の内容については、すべて法律で定めない限り、駄目だということである。そして、既述の租税法律主義は、この罪刑法定主義から派生したものだ、ともされている。

憲法上の要請をクリアーするためには、刑事法上の国際的な共助についての、この双方可罰性の要件と同じものを、租税条約上の徴収共助制度の中に埋め込まねばなるまい、と私は考えるに至ったのである。極めて優秀で意欲のある若手税務職員達を、税務大学校というところで教えつつ、何年もかけて彼等と議論し、そして到達した結論が、そのようなものであった。

◈双方可罰性不要論？

ところが、本家本元たる日本の刑事法の分野で、多少困った動きが生じていた。実は、国際刑事法という分野を自らの専門として研究している研究者は、驚くことに極めて少ない。少なくとも、国際刑事法を主たる専門として研究して来た人（研究者）は、殆ど一人だけだったのではないか、と思われる（石黒・国際民事訴訟法八頁以下と対比せよ）。

その代表的な国際刑事法の研究者が、次のような見解を示していたのである（石黒・ボーダーレス・エコノミーへの法的視座〔中央経済社〕一八二頁以下）。即ち、外国からの捜査共助につき、常に双方可罰性を要求すると、日本にある証拠を外国の当局に渡せば無罪になるであろう場合にも、それが出来なくなる。だから、この要件をリジッドに考えることなく、むしろ、かなり広汎に外した方がよい、と主張されていた。そして、外国の二国間での刑事関係の共助条約でも、最近はそうなっている、等の指摘もなされていた。

これは大変だ、と思って調べてみると、一九八二年のイタリア・アメリカ間の刑事司法共助条約などは、たしかにそうなっている。そこから、日本の場合につき、例えば刑事の没収、つまり犯罪の結果違法に得られた物の没収についても、双方可罰性を問うことなく、外国からの共助要請に応じてよい、と論ぜられていた。

だが、イタリア・アメリカは、共にマフィア撲滅に躍起になっている国である。その点に注意せねばならない。そして、マフィアと麻薬を結びつけたとき、それを撲滅するために、アメリカの刑事法それ自体が、日本と比較すると、極めてあいまいな犯罪内容(犯罪の構成要件と言う)を定める方向に、とくに近年傾斜していることは、日本の刑事法の側から別途注目されていた。どんなことをすれば罰せられるのかがあいまいであっては、安心して人々は生活できない。日本の刑法はドイツ法の流れを強く受け継いでおり、とてもアメリカのようにはゆかない。

他方、いろいろと調べてゆくと、やはり共助要請に応じる側の国の憲法上の要請(罪刑法定主義)と、双方可罰性の要件とが強く結びついていることも判明した。やはり、この要件は外すわけにはゆかないはずだ。

◈国連麻薬新条約といわゆる麻薬二法

そう考えて行って、次に気になったのは、日本が国連の麻薬新条約という条約を批准し、それに伴って麻薬二法と言われる二つの法律を制定したことだった。一九九一年のことである(石黒・ボーダーレス・エコノミーへの法的視座〔中央経済社〕一八五頁以下)。

私は心配になった。この条約は、麻薬撲滅のため、批准国に銀行秘密規定があっても、かかる規定を楯に他国からの調査要請を拒絶してはならない、と規定するなど、アメリカの強い姿勢を受けて作成されたものである。国際的なマネー・ローンダリング（資金洗浄——既述）防止との関係で、麻薬取引で得られた資金を没収する上で、批准国間にエンフォースメントの面での共助（執行共助）のネットワークを築き上げることも、この国連麻薬新条約の眼目をなしていた。

だが、既述の麻薬二法を見て、私はホッとした。そもそも、前記の条約との関係で、没収についての共助に応ずる方法は、二つ定められていた。一つは、初めから自国の刑事法を適用して、自国法に基づき没収するやり方である。これには、とくに問題はない。他は、まさに共助により外国没収裁判（刑事裁判）を、日本で執行する方法である。

麻薬二法（その一方の法律は、麻薬犯罪につき没収できる範囲を拡張する点に、一つの主眼がある）においては、外国から執行共助の要請があった際、その行為が自国刑法に基づき可罰的か（犯罪になるか）を、まず問題とする。次に、それが犯罪になることを確認した上で、やはり自国法に基づき、問題の財産を没収できるかが問題とされる。

つまり、二段階で、それぞれ双方可罰性の要件が置かれていたのである。私はホッとした。もっとも、この後者の方法において、若干気になる点がある。外国から外交ルートでこの共助（執行共助）の要請があったとき、検察官が裁判所に対して、共助を拒絶すべき事由（既述の双方可罰性の点を含めて法定されている）がないかを調べてもらい、結論を出してもらう。だが、その際、自己の財産を没収される立場の者は、その手続の、正式の当事者の立場には、置かれていないのである。

刑事手続の場合、最も重要な憲法上の要請は、国家の側から疑われた者が、十分に身の潔白を明らかにするための機会を、裁判の手続において与えられていることである。外国からの共助要請があった場合の、前記の第一の処理方法におけるよりも、この第二の方法においては、被疑者の手続上の立場が、若干にせよ弱くなっているのではないのか。このことが気になるのである（その後、日米刑事司法共助条約締結交渉において、アメリカ側は日本に対し、双方可罰性の要件を外せ、と強く主張して来ている。そのことが、一般にあまり知られていないこと自体、大問題である。国際捜査共助法〔一九八〇年法律第六九号〕二条二号にもあるこの要件を外すことは、断じて許されない。一部には、まさに単一の国となることを目指すEU域内での論議を不当に一般化する傾向――同種の現象は、後述のいわゆる並行輸入〔パラレル・インポート〕問題をめぐっても、生じていた。石黒・国際知的財産権一七一頁――も見られるが、問題である）。

◆証券取引法上の調査共助

さて、証券取引が国際化するに伴い、各国規制当局間での協力体制も、徐々に整備されつつある。例えば、いわゆる内部者取引（インサイダー・トレーディング）の規制が問題となる。内部者取引は、一般の投資家の知らない企業内部の情報を用いて、証券取引を不正に行なうことである。既に一九八六年五月に、当時の大蔵省証券局長とアメリカのSEC（連邦証券取引委員会）委員長との間で、情報交換のための覚書がかわされていた。日本が、内部者取引の本格的規制を行なうために、証券取引法の大改正を行なうよりも、前の出来事である。

ただ、内部者取引の規制それ自体について一言しておけば、世界で最も強烈にこの規制をしていたのは、やはりアメリカであった。イギリスでも、内部者取引が明確に刑事罰の対象になったのは、ようやく一九八〇年になってからであり（石黒・国際民事訴訟法九二頁以下の注236を見よ）、そのあたりから、各国で内部者取引規制の強化が盛んになされるようになった、という経緯がある。アメリカ的規制の他の諸国への輸出願望、という文脈でこのような現象をとらえることも、可能である。

さて、前記の旧大蔵省・SEC間の覚書は、何ら国家間の正規の条約としてのものではない。規制当局間の、まさに覚書であるにとどまる。租税条約に基づく情報交換よりも、その法的基盤は脆弱である。

この覚書を受けて、日本の証券取引法の一八九条（最初は一八四条の二であったが、改正に伴い、条文の番号が動いた）に、外国の証券取引規制当局への情報提供の規定が置かれた。だが、気になる点がある。

外国の当局から、この意味での調査につき情報提供の要請（共助の要請）があったとき、日本側は、同様の要請を日本が行なった場合に、その外国も日本側の要請に応じてくれる保証（レシプロシティ）があり、かつ、その要請に応ずることが日本の資本市場に重大な悪影響を及ぼしたり、日本の利益を害するおそれがなければ、それに応ずる、とある。だが、日本に所在するある者に関する情報が例えばアメリカに渡された場合の、その者の保護について、次のようなことで十分かが、問題となるはずだ、と私は考える。即ち、外国側に提供された情報につき、「その内容が外国における……刑事手続に使用されないよう適切な措置がとられなければならない」との法律の規定（同法一八九条四項）で、果たして十分と言えるか、の点である。

◈一九九一年の証券不祥事の際のＳＥＣの調査とアメリカでの刑事訴追？

アメリカの証券取引規制において、行政庁の一翼を担う（行政委員会としての）ＳＥＣは、種々の行政処分を担当し、刑事訴追は司法省の担当となる。一九九一年の、いわゆる証券不祥事の際、それが殆ど全く日本の純粋に国内の問題であったにもかかわらず、ＳＥＣは日本の当時の主要証券四社に対して、直接、日本にある情報を出せ、と命じていた（既述）。その段階では、旧大蔵省証券局・ＳＥＣ間の前記覚書が既に存在していた。だが、ＳＥＣは自国法に基づく一方的措置に頼った。その点にも注意を要する。

だが、それにも増して重要なのは、この一方的な情報提供命令（最初はお願いベースでの要求であり、のちに強制的なものに切り換えられた）において、提供された情報がしばしば刑事訴追に用いられる旨、はじめからその書類に印刷されていたことである。つまり、日米の行政当局間で、日本からアメリカに渡った情報が、アメリカの刑事訴追に用いられ得ることは、アメリカ側の実務においては、初めから予定されている。そんなことは関係者なら誰でも知っていることなのに、そうならないように「適切な措置がとられなければならない」といった程度のことしか、日本の証券取引法の条文には、書かれていないのである。実に軟弱な対応、と言うべきである。

これを、既述の刑事司法共助の場合と対比する必要が、あるはずである。そこで基本とされる双方可罰性の要件は、日本の憲法上保障された基本的人権に十分配慮しつつ、外国からの共助要請に答えてゆくためのものであった。ところが、証券取引規制の関係では、前記の旧大蔵省証券局・SEC間の覚書のように、行政当局間で、いわばこの憲法上の要請が、バイパスされ得ることになる。そして、そのための制度的保障が十分でないように、私には思われてならないのである。日本側からアメリカ側に情報提供をする際、刑事訴追にはそれを用いないよう、SECに釘をさしたとしても、実際にそれがアメリカに渡ってしまったのちの、SECと司法省間の関係を、それで完全にコントロールできるのか。そもそもそのような権限がSECにあるのかも問題となる。やはり正義の実現のために放置し得ない、ということでアメリカ司法省が、日本側から渡った情報をも前提として刑事訴追に踏み切った場合、もはやあとの祭となる。

双方可罰性の要件は、日本側が自国の刑事法を適用しても罰せられるのだ、ということを確認した上で共助に応ずる、ということで自国憲法上の要請との緊張関係を、それなりにクリアーするものであった。証券取引関連の前記の場合には、そのための十分なプロセスが踏まれていないように、私には思われる。少なくとも、この点が法律上明確になっていない点が、問題だと思われる。

国際的な証券犯罪等の防止のための各国当局間の協力(共助)は重要な要請であるが、もっと私人の人権をダイレクトに尊重してゆくための配慮が、必要なはずである。

◈国家公務員法一〇〇条との関係

他方、公務員の守秘義務との関係もある。つまり、公務員は、職務上知ることのできた秘密を漏らしてはならない、という規定が国家公務員法一〇〇条にある。アメリカ等の外国の当局に私人の証券取引関係の情報を渡すことが、証券取引法の規定があるとは言え、この点からどう評価されるかが問題となる。私人の取引に関する秘密の情報を日本の当局が有していたとしても、日本国内でそれを他者に渡すことについては、この守秘義務の規定で、厳しく規制されている。ところが、外国の当局にそれを渡すことは別だ、ということになるのかどうか。租税条約上の情報交換条項に基づく場合には、条約という一般の法律よりも高次の法規範の裏付けがあるが、今問題としている場合は、それと異なる。私人の人権保障との関係で、前記の証券取引法の規定が必ずしも十分なものとは思われないとすれば、なおさらである。一体、どこまで突き詰めた議論が、そこでなされているのであろうか。単純に国家公務員法一〇〇条に対する例外（特則）が証券取引法上定められた、ということで説明がなされ得るのかどうか。そこが気になるのである（石黒・国際民事訴訟法六〇頁以下参照）。

◈日米税金摩擦とオート・ケース

ところで、こうして各国規制当局間で情報交換のための国際的ネットワークが張りめぐらされてゆくトレンドにあるが、当のアメリカは、どのようなスタンスでこの点にのぞんでいるのか。その点が、次の問題となる。

つまり、外国側当局から条約（や覚書）ルートで外国にある情報をもらえることになれば、アメリカはもはや自国法の認める措置、つまり一方的に海外にある情報等の提出を求める措置を、とらなくなるのかどうか。答は、おそらく一般的にも、否である。

具体的には、日米税金摩擦の象徴的事例とされる、いわゆるオート・ケースの場合がある（石黒・

国際民事訴訟法二五頁以下）。日本の主要自動車メーカーにつき、日本の親会社とアメリカの子会社間で、既述の国際的な価格操作（移転価格――トランスファー・プライシング）があったとされ、アメリカの課税当局（ＩＲＳ〔内国歳入庁〕）が、日本にある情報の提出を、直接日本の親会社側に求めたのである。

日米租税条約には、日米の課税当局（国税庁とＩＲＳ）間で、相互に情報交換をする旨の規定がある。だが、ＩＲＳはそれによることなく、アメリカの法のみに従い、いわば一方的措置として、右の命令を発したのである。

ＩＲＳは、日本の親会社がアメリカで起こした訴訟において、アメリカの裁判所に対し、条約ルートで日本側に情報提供を求めても、時間がかかるし、思うような情報が集まらない。だから、自国法に基づき一方的に海外の情報の提出を求めるのだと主張し、アメリカの裁判所は、それを支持した。

実は、同様のことが、アメリカの連邦（合衆国）最高裁においても認められている。つまり、国際的な摩擦の種として、国際的企業間紛争等において大きな問題となっている点の一つに、アメリカの裁判所で出されるディスカバリ命令の問題がある。とくに、プリ・トライアル・ディスカバリと言って、正式の審理手続に入る前の段階で、海外の情報を含めて広汎に、まずそれらを開示せよ、との命令が出される。それが、あまりにも海外の企業への負担になるし、問題でもあるということで、一九七〇年に、ある多国間条約が作られた。アメリカはそれを、単純に批准した。この条約の一つの眼目は、アメリカのプリ・トライアル・ディスカバリの命令が一方的に出される点を押さえこみ、海外の情報が欲しければ、条約ルートで国家対国家で正規の要請（共助ルートでの要請）をせよ、とするところにあった。アメリカはそれを呑んだ。

にもかかわらず、相変わらず、一方的な命令が発せられる。そこで訴訟になった。けれども、アメリカ連邦最高裁は、この条約は、アメリカ側にとって新たな一つのオプションが、海外での情報の収集につき与えられたものとしての意味を、有するにとどまる、と判断したのである。つまり、条約でいくらアメリカ側の一方的措置を縛ろうとしても、一方的な措置は温存される、と言うのである。これにはアメリカ内部でも批判はあるが、これが現状である（石黒・国際民事訴訟法六五頁以下と同・貿易と関税一九九九年一二月号七六頁とを対比せよ。後者が、クロスボーダーな電子商取引との関係でこの点を扱っていることにも注意せよ）。

◈日本の銀行検査とアメリカからのディスカバリ命令

一九九四年（そしてその後もう一回）、とんでもない事件が起きた。やはり、アメリカ裁判所からのディスカバリ命令に関する問題である（石黒・国際民事訴訟法六一頁以下）。

日本では、銀行の業務に対して、旧大蔵省の検査（や日銀の考査）がなされて来ていた。不健全な業務を放置しては、金融市場にとって深刻な事態が生ずるからである。そして、そのような具体的な検査内容は、当然のこととして秘密扱いにされる。

ところが、日本には、スイスやカリブ海諸国のような銀行秘密を法的に担保する制度（公的なそれ）がない。既述の国家公務員法一〇〇条で、検査をする側の旧大蔵省の職員に対し、守秘義務が課されるのみである。

こうした状況の下で、アメリカで私企業間の訴訟が起きた。被告は日本の銀行であった。原告側は、そこで日本の旧大蔵省が被告銀行に対して行なった、銀行検査の内容につき、プリ・トライアル・ディスカバリをかけたのである。それに応じないと、その訴訟において、被告銀行は極めて不利な立場に立たされる。

こうした展開は、ある程度予測されていたことである。一九九一年の証券不祥事の際の、既述のSECの調査も、さらにズワイ蟹輸入カルテル事件におけるアメリカ司法省側の本当の狙いも、日本国内での出来事をアメリカの論理で動かそう、という方向での営為であった。旧大蔵省と日本の銀行との間の、いかにも日本的で、アメリカから見れば著しく閉鎖的な関係についても、通商法三〇一条や反トラスト法の域外適用により、アメリカ的に変えさせよう、との欲求がある。政府のやることの一端を私人にも担わせ、そのためのインセンティブを私人に与えようとする制度は、アメリカにはいろいろとある（石黒・国際民事訴訟法八六頁注176、二四一頁注658を見よ）。

幸いにも、前記の銀行検査に対するディスカバリのケースにおいては、通商摩擦的な背景はなかったが、これが認められると深刻な問題となる。日本国内で国家公務員法一〇〇条により秘密扱いとされる銀行検査の内容が、検査を受けた側の銀行を通して、明るみに出されることになる。そうなれば、不用意に特定の銀行の業務内容や大蔵省の政策スタンスが開示されてしまい、銀行検査の制度の根本が揺らぐことになる。そんなことを、私人間紛争において、しかもアメリカの裁判所の命令という形で、させるべきなのか否か（もっとも、日銀の考査については、一九九七年の新しい日銀法の二九条で守秘義務規定が新設されるまで、日銀職員に法的な意味での守秘義務がなかったという、信じ難い事実がある。

石黒・国際民事訴訟法九二頁注235を見よ）。

銀行の国際的活動につき、証券取引規制や課税の場合と同様に、各国規制当局間の緻密な情報交換等が必要な状況にあることは、たしかである。けれども、ＢＣＣＩ事件で再度認識された国際的な銀行監督上の各国間の協調（石黒他・国際金融倒産〔経済法令研究会〕三―六頁を見よ）も、高度の秘密性が担保されなければ、その実効性を維持できない。

そもそも、前記の事例で問題とされたような事柄は、日米当局間の共助により、国家対国家の関係で問題とされるべきものであり、それをバイパスして私人間の国際的な訴訟において一方的な開示を求めるようなことは、認め難いのである。けれども、この点をどう考えるかは、最終的にはアメリカの裁判所の判断にかかっている。

そして、そうなってしまったことの理由の一端は、純粋に自国内での問題ばかり考え、自国の法制度が外国からの命令により、容易にバイパスされ迂回（サーカムベンション）がなされてしまうことに対する、日本側の認識の甘さにある。例えばスイスには、外国の当局や裁判所に対して、自国内にある秘密の情報を提出することを禁止するための、一般的な規定がある（石黒・国際民事訴訟法二五、二七頁）。国際的な問題の広がりを自然にとらえ、取引の国際化と規制の国際化とを連動させてゆく必要がある、との点への認識は、既述の域外適用問題への対応と同様、日本において十分ではないのである。

今後、この種の問題は多発するであろうし、第二部で論ずる通商摩擦の視点をもインプットしつつ、独立国家としての明確な対処方針を策定する必要が、あるはずである。

第五章　ボーダーレス・エコノミー論と現実の世界

——第一部の小括を兼ねて——

◆ボーダーレス・エコノミー論へのアンチ・テーゼ

以上、本書第一部で示して来たところは、すべてボーダーレス・エコノミー論へのアンチ・テーゼの提示、としての色彩を有する。経済がもはやボーダーレス化し、それを素直に認めて、主権だ国境だと古めかしい議論をするな、との主張。国家主権こそがボーダーレス・エコノミーへの阻害要因であるから、国際的な制度調和（ハーモナイゼイション）を進め、規制のレベルを各国で平準化するか、そもそもそれらを撤廃せよ、との主張。

こうしたボーダーレス・エコノミー論の側からの主張は、これまで法的な問題把握というものを極端に軽視し、法律と言えば官庁の許認可ばかりを考えて来たに等しい戦後日本経済のあり方にとって、極めて耳ざわりのよいものであった。また、ともすれば自国内に純粋に閉じた問題のみに終始しがちな、日本の「官」の側の姿勢（域外適用問題について端的に示されていたそれ）とも連動し得る何かが、そこにはあった。だが、一体何をどこまで見てボーダーレス・エコノミー論が主張されて来たのか。私はそこを問いたかったのである。

国境というものは、厳然と存在する。国家主権に基づき、各国それぞれの価値観や正義感が、ときとして烈しく衝突する。それが現実である。各国法の域外適用問題が一方にはあり、他方、各国規制当局間の協力(共助)のメカニズムがある。経済が一歩一歩ボーダーレス化の方向に進みつつあるのは事実だが、各国の、そしてそこに住む人々や社会の基本的な物の考え方の相違をすべて捨象し、あたかも世界は一家、人類は皆兄弟といったユートピア的発想で、経済合理性（結局は企業の論理？）ばかりが追求されるのは、いかがなものか。

◈国家の分裂と統合、そして民族対立

一九八〇年代に華々しく説かれたボーダーレス・エコノミー論は、本書第一部で多面的に論じた諸点、即ち「国境」を越えた様々な法律問題を十分踏まえないでそれが説かれて来た点で、重大な欠陥を有する。他方、それは、旧ソ連圏の崩壊（それは、当初はボーダーレス・エコノミー論に有利と思われた面もあろうが）後の、極端な国家の分裂と烈しい民族対立の下で、いささか色褪せた存在になってしまったように思われる。それらの「対立への構図」をすべて捨象して、専らいわゆる西欧先進諸国の中に日本を置き、ボーダーレス・エコノミー論（そしてその延長線上にあるグローバライゼイション論）を唱えるのであろうか。もっと世界の現実を直視すべきではないのか。現実の我々の世界の、最も烈しい亀裂を直視した上でなければ、真の国際的制度調和など、あり得ないはずではないのか。私はそう思う（インターネットの法と政策について、私が同様の主張をして来ていることにつき、とくに石黒・貿易と関税一九九九年一二月号七二―七三頁を見よ）。

ドイツ統一の法的構造

一九九一年一〇月三日、旧東西両ドイツは統一された。一見、そこにボーダーレス・エコノミー論的な風が吹く。だが、ドイツ統一（再統一）の現実の姿を、日本の人々がどこまで知った上での反応なのか。一つの例として、この点を見ておこう（詳細は、石黒・ボーダーレス・エコノミーへの法的視座〔中央経済社〕二〇一—二二二頁）。

前記の日に、旧西ドイツ法の適用領域が旧東ドイツ地域にまで拡張された。だが、それは原則であり、そこには厖大な例外がある。その例外を定めた条文だけで数百頁の本になっていることを、一体日本でどれだけの人が知っているのか。

つまり、旧東ドイツ地域の人々が生活してゆく上で前提として来た旧東ドイツ法が、すべて否定された訳ではなく、一部（といっても膨大な数の法規定）は、旧東ドイツ地域について、引き続いて妥当するものとされた。もちろん、社会主義的ドグマに基づくものの適用は否定されるが、旧東西ドイツの統一は、対等な両国政府間の合意に基づくものなのである。

旧東ドイツでは、盛んに旧西ドイツ側の私人の資産が、収用措置等の対象とされて来た。国営企業等の所有にされたのである。旧西ドイツの側には、もともとの所有者やその相続人が多数居る。旧東ドイツ地域の経済の活性化のためには、優良な企業に旧東ドイツの企業の運営を委ねることが必要だが、もともと旧東ドイツ政府によって、不当に財産を収奪された者に対して、その地位を回復させることもまた、旧西ドイツにとって、至上命令的な重要な課題であった。後者を優先させれば、旧東ドイツ地域の経済発展が遅れる可能性もあり、統一ドイツにとって重大な足かせとなる。そのディレンマの中に、実はいまだに、ドイツは苦しんでいる。

この収用等の点は、日本でも注目されているが、他の例として、特許権（発明に対して与えられる独占的権利）を挙げておこう。何十年もの間、旧東西ドイツは、別々に特許制度を有して来た。同じ内容の発明でも、双方でそれぞれ権利を有する者が別に居た。ドイツ統一の際、一体これをどう調整したらよいのであろうか。旧東ドイツ側の者の権利を無効とする、といった処理は、ドイツ統一が対等な二国間の合意としてのものである以上、なされ得ない。もちろん、統一後の新たな特許権の取得については、ドイツ全体で一元的な処理が可能となるが、統一時点で既に存在していたものの扱いが問題となる。その調整は、一歩一歩なされるほかはない、とされていたのである。ドイツ統一に伴って、旧西ドイツで妥当していたＥＣ（現在のＥＵ）の法も旧東ドイツ地域に、その適用を拡張されるが、ＥＣ（ＥＵ）の、特許権についての域内法統一との関係でも、この点は無視し得ない問題となったのである（特許権については保護期間が短いから、それが切れるのを待てばよいが、それでは著作権等はどうなるのか、との点も考えよ！）。

他方、家族法の領域でも、旧東ドイツ法では、いわゆる非嫡出子（両親が正式に婚姻をしていない状況の下で生まれた子）に対して、母親が無制限の監護権（自らのもとに子を置いて育ててゆく権利）を有していた。だが、旧西ドイツ法では、母の監護権に対する種々の制約があった。そこで、ドイツ統一に伴い、旧西ドイツ法の適用を旧東ドイツ地域にも自動的に拡張すると、旧東ドイツ側の母の権利が、いきなり縮減することになる。これも問題であるということで、特例的措置が講ぜられていたのである（その後、一九九八年の法改正で、ドイツは遂に嫡出子・非嫡出子との区別をなくし、それに伴って準拠法選択のルールをも変更した。石黒・国際私法〔新世社〕七六、七八頁の二つの表、そして同・七七頁の指摘と対比せよ)。

こうした問題が山程ある。それがドイツ統一の現実の姿だったのである。かくて、ドイツ民族の偉大な法的実験として、ドイツ統一は位置づけられる。同じドイツ民族の中での統一、という基盤のもとに営まれる、真の統一への継続的な努力――それを全世界的規模で行なうためには、どのような作業が、具体的に必要とされるのか。ハーモナイゼイション論をしきりに口にするボーダーレス・エコノミー論者は、この点について黙して語らない。経済万能と考えているのか、対社会的アドバルンをこの「羅針盤なき日本」で掲げ、物事をとことん突き詰めない社会的風潮の中で、それなりに(大いに?)注目されることが、彼等の目的なのか。それだけでよいのか。私にはそのあたりが、全く理解できないのである(その先のことは、本書第三部で論ずる)。

◈ベルリンの壁の法的意義

一九六一年八月に、ベルリンの壁が構築された。それを突き崩すことを通して、ドイツ統一がもたらされた。その壁をくぐり抜け旧西ドイツ側に逃げて来た人々に対して、旧東ドイツ側が、自国としてどのような法的措置をとっていたのか。これも「国境」というものの有する、なまなましい現実を一層具体的に知るための、一つの手がかりになる。

おぞましいとしか言うほかないが、親がかかる逃亡をしたとする。その親は、その子に対する監護権と、扶養を請求する権利とを剥奪された。しかも、逃亡した母親の胎内に子がおり、まだ生まれていなくとも、報復として旧東ドイツ法上、そのように扱うものとされた。泥まみれになって背後の銃口を怖れつつ、必死にベルリンの壁をくぐり抜けようとするお腹の大きな母親と、その胎内で必死に生き抜こうとする胎児――その瞬間を鮮明な映像として思い浮かべて頂きたい。何と非人間的な、冷酷な取扱いがなされることか。だが、そうしたことは、我々の世界において、もっとひどい形でくり返されている。

そうした現実の世界で悩む人々に対し、「ボーダーレス・エコノミー論」、そしてその延長としての「グローバライゼイション論」（本書第三部参照）という言葉が、いかなるメッセージを伝え得るものとなるのだろうか。

独立国家並存型の我々の現実の世界の中で、人権抑圧に対しては国際法的な背景の下に、諸国家は一致した行動を取ろうとしている。けれども、国家の独立は、主権は、そして国境は、国際法の制約のない広汎な領域について、自国固有の正義感・価値観を、せめて自国内では維持しようとする、切実な人々の叫びを、本来その基盤とする。国際的制度調和も、そうした人々の魂の、根源的な叫びに連動する形で試みられねば、所詮は根無し草的なもので終わるか、その時々の強国の論理の、一方的な押しつけに過ぎないはずである。経済万能で我々の現実の世界を語り尽くせるかの如き思い上がりは、非人間的なものとして、明確に排除されるべきである（本書第三部参照）。

Prof. K. Ishiguro
Nov. 16, 2001

第二部

国際経済摩擦と日本

第一章　ＧＡＴＴ・ＷＴＯの基本枠組と問題点

◆通商摩擦と不公正な国ニッポン？

貿易面での問題から、とくに一九八〇年代以降、伝統的な日本社会の構造までを含めて、「日本は不公正だ」との声が、世界中に谺しているかの如くである。そして、その声に連動して日本国内の制度を変えてゆけば摩擦もなくなるし、よいであろう、といったかなり単純な発想が、今の日本社会の一般的風潮を支配しているように思われる（昨今の日本における、自己喪失型〝構造改革〟論議が、まさにその延長線上において、国際的視座を一層欠落させた形でなされていること〔本書第三部〕に、最も注意すべきである！）。

そこで、本書第二部では、この点を国際的な貿易枠組との関係で（第一章）、そしてつづいて、いわゆる不公正貿易論の根本を洗い直すことによって（第二章）、それぞれ検討する。その上で、とかく経済合理性や競争原理のみですべてが論ぜられがちな昨今の日本の、そして世界での傾向に対し、アンチ・テーゼを示し（第三章）、本書第三部へとつなげることとする。

◆ＧＡＴＴとＷＴＯ

第二次大戦後、なぜ悲惨な世界大戦が起きたのかを反省するところから、健全な世界貿易体制の構築が意図された。戦前の主要諸国が、それぞれいくつかの経済ブロックを作り、保護貿易的に流れて行ったことがそもそもの原因だった、と強く反省されたのである。

そこで、世界的なマネーの流れや金融政策上の問題について、IMF（国際通貨基金）が設けられ、物の貿易について、GATT（関税と貿易に関する一般協定）が作られた。もっとも、IMFは国連と同様の国際組織であったが、GATTはそこまで行かず、単なる国際的な協定（条約）であった。国際貿易機関（ITO）という国際組織を作ろうとする努力が、挫折したのである。一九九四年に正式に終結を見たGATTのウルグアイ・ラウンド（最終合意文書は一九九三年一二月に作成されていた）において、初めてWTO（世界貿易機関）の成立が合意された。WTOは、一九九三年一二月に、M（マルチラテラル）を引っくり返してW（ワールド）にしたのみのもので、原案ではMTOという名称だった。土壇場でアメリカが、MはいやだからWにせよ（ともかく名称をかえてくれ）、と言い出したのである（だが、アメリカがゴネたのは、それだけではなかった。グローバル寡占がアングロ・サクソン主導で最も進んでいた会計分野に目をつけ、次のラウンド開始を待たずに〝更なる自由化〟を、まさに会計分野を模範に進めさせるべく、WTO設立時に、ある閣僚決定を、各国に迫ってさせたのである。石黒・グローバル経済と法三七頁以下。なお、本書第三部参照）。

ともかく、GATTは「物」の貿易のみを扱って来た。「サービス」の貿易、つまり、一定のサービスを何らかの形で国境を越えて提供する場合のルールづくりは、ウルグアイ・ラウンドにおいて、初めてなされた。特許権や著作権等の、いわゆる知的財産権の貿易的側面の規律も、同様にウルグアイ・ラウンドにおいて新たに導入されたものである。

かくて、一九九五年一月一日以降はＷＴＯという国際組織の下に、従来のＧＡＴＴ（それ自体もウルグアイ・ラウンドで改訂された。それを新ＧＡＴＴないしＧＡＴＴ一九九四と称する）と、サービス貿易協定（ＧＡＴＳ）、そして知的財産権の貿易的側面に関する協定（ＴＲＩＰＳ）等が統合されることになった。

◈従来のＧＡＴＴの基本原則とＧＡＴＴ的プラグマティズム

ところで、従来のＧＡＴＴは、極めて不安定な法的基盤の下に運営されて来た。正式にＧＡＴＴを批准したのは、ハイティという国のみで、日本を含めた諸国は、ＧＡＴＴを暫定的に適用し続けて来ていたに過ぎない。また、ＧＡＴＴは国際組織ではなく、ＧＡＴＴ事務局というものはあっても、その組織としての運営面には、種々の制約があった。ＧＡＴＴは、いわば片肺飛行を続けて来ていたのである（石黒・〔研究展望〕ＧＡＴＴウルグアイ・ラウンド二六頁以下）。

そのためもあり、国際協定（条約）としてのＧＡＴＴの運用については、杓子定規にはゆかぬ難しさがつきまとっていた。実際の各国の貿易制限的措置についても、白黒をはっきりつけず灰色の部分を多く残すような、不明確な対応をせざるを得なかった面が、多々あったのである。いわゆる輸出自主規制（ＶＲＡないしＶＥＲ）が、その典型である。この点は後述する。

さて、ＧＡＴＴの基本原則は、以下の点にある。ＧＡＴＴは自由貿易の体系であり、ＧＡＴＴ上合法的な貿易障壁としては、原則的に関税（タリフ）のみが認められている。原則に対する例外の多さが、ＧＡＴＴの基本的弱点であるが、原則はここに示した通りのものである。そして、数次のラウンド（多角的貿易交渉）で、各国の関税率を引き下げる努力が、着々となされて来た。いろいろな物（産品）についての関税の高さを平均させた、いわゆる平均関税率において、日本は極めて低い率を誇っている。むしろ、アメリカやEC（現在のEU）の方が、平均関税率において、日本よりも高いのである。このことを忘れてはならない（なお、農業、とくにコメ〔米〕の問題の本質については、石黒・法と経済二一三頁以下）。

関税が原則として唯一の合法的な措置とされる反面で、輸出入の数量を制限する措置は原則的に禁止された。そうであるから、輸出自主規制のGATT違反性が、たえず問題とされ、かかる灰色措置を放置してよいかが、大いに議論されて来たのである。だが、ウルグアイ・ラウンドで作成された協定（新セーフガード協定一一条）において、輸出自主規制をすることのみならず、それを求めることもまた、禁止された（なお、石黒・通商摩擦と日本の進路五六頁以下、六八頁以下と対比せよ）。アメリカやEC（EU）が日本に対して、輸出を自主的に制限せよと求め、日本側が渋々（?）それに応ずる、といった展開が一般的だったため、その双方の行為が禁止されたことになる（新セーフガード協定一一条は、アメリカが日本に対して脅しをかけ、日本に自主的に輸入を拡大させ
ること〔これをVIEと言う〕をも禁止している。VIEについては、石黒・通商摩擦と日本の進路六一頁以下）。ちなみに、セーフガードとは緊急輸入制限のことであり、自由貿易を基本としつつも、海外からの輸入の急増により自国経済秩序が大混乱をする、等の事情があれば、要件は厳格だが、セーフガード措置が認められる。けれども、それも特定の国からの輸出を狙い打ちする形では許されず、無差別性が要求されて来た（ネギ・生しいたけ・畳表に関して二〇〇一年になされた、日本の、WTO加盟前の中国に対する〔暫定〕セーフガード措置の

発動も、新セーフガード協定に沿って行なわれた。その後、中国との交渉で問題は決着したが、同協定一一条との関係に、十分な注意が必要である）。

◈内国民待遇と最恵国待遇

この無差別性の原則は、従来からGATTの最も基本的な価値を具体化するものであった。つまり、ある国が特定国のみを優遇することは認めない。すべてのGATT締結国を平等に扱い、特定の国に与えられた優遇措置は自動的に他の国々にも与えられるものとする。その違反は、GATT違反として、GATTの紛争処理手続において処理される。その意味での平等取扱のことを、最恵国待遇（MFN）と言う。GATT上は、無条件のMFNが、基本的な要請となる。

次に、内国民待遇（NT）と言って、内国の産品と外国からのそれとを同等に取扱え、という要請も、最も基本的なGATT上の原則である。内国民待遇は、日米友好通商航海条約等の、二国間条約でも定められているが、GATTはそれを締約国間の基本的なルールとしたのである。

最恵国待遇と内国民待遇は、前者は外・外、後者は内・外の間での無差別取扱を要求するものであり、それらは一体をなして、GATTが「機会平等主義」に立脚していることを、示している。昨今、「機会の平等」ではなく「結果の平等」、つまり、市場における一定の成果（市場シェア等）を相手国に要求する貿易政策がアメリカやEC（EU）によってとられ、日本はそうした海外からの圧力に、常にさらされて来ている。だが、GATTの基本はかくの如きものであり、この点は、新たなWTO体制の下でも、サービスや知的財産権の領域を含め、全体を貫く基本的な要請となっている（但し、ウルグアイ・ラウンド中の一九八七年に、アメリカが韓国に圧力をかけた結果、韓国は「米国民に対してのみ」自国民より優遇する措置、即ち内外逆差別となる措置を、知的財産権についてとった。それに対してEC〔EU〕のみでなく、実は日本も、アメリカに対して与えたのと同等の措置を与えよ、と韓国に迫った。最恵国待遇の原則により、かくて内外逆差別的事態が拡大することになるが、実に複雑なものをそこに感じないか。本書第三部で扱う問題とも直結する重要な論点が、そこにはある。石黒・国際知的財産権九八頁）。

ウルグアイ・ラウンド交渉において、この結果主義（成果重視の貿易政策）の側からの自由貿易体制に対する攻撃が、最も大きな争点となったことは、よく知られている。

◈東京ラウンドと非関税障壁問題

一九七〇年代に、東京で開始されたために東京ラウンドと呼ばれる、多角的貿易交渉がなされた。それに続くのが、一九八六―九四年のウルグアイ・ラウンドだと言うことになる。

東京ラウンドでは、とくに非関税障壁（ノン・タリフ・バリア）の問題が大きくとり上げられた。既述の如く、GATT上合法的な貿易障壁（トレード・バリア）は、原則的に関税のみとされていた。そして、それまでのラウンドで、各国の平均関税率は、ドラマチックに低くなった。それを前提として、各国の眼は、関税以外にも種々の貿易障壁があって、自由貿易を阻害しているのではないか、という方向に移って行ったのである。

だが、この「非関税障壁（NTB）」という言葉は、十分注意して用いなければならない。要するに、関税以外の貿易障壁という意味だが、それがどこまでの事を指すのかが、極めてあいまいである（石黒・法と経済一三〇頁以下)。昨今の通商摩擦において、とくに日本異質論(西欧社会と日本とは異質だとする主張ないし認識)との関係で、放置すれば日本社会の伝統的なあり方や日本の文化、それに日本語まで非関税障壁だ、などとされがちな傾向にある。「異質」と言い出したら、アメリカとドイツ、ドイツとフランス、日本と韓国、等々すべての国々が相互に異質なものを持っている。国ごとに物の考え方が違い、社会的制度等が異なることは、当然の前提なのに、その現実に頬被りをして、非関税障壁論が一人歩きを始めているのである。

つくづく「言葉の魔力」はおそろしい。非関税障壁と言えば、人々に何となく「なるほど」と思わせてしまう心理的効果が、大きく働いてしまう。何が本当の問題なのかということを、突き詰めて考えずに、問題の入口で人々に情緒的対応をさせてしまう魔力が、非関税障壁という言葉にはあるのである。ちなみに後述の「市場《マーケット》アクセス(MA)」という言葉にも、誰が開発した言葉かはいまだに分らないが、同様の魔力(人々を何となくひきつけてしまう威力)がある。私自身が俳句という、言葉を操る分野に足を突っ込んでいるものだから、なおさらこの点を強く感ずる。

◈政府調達協定

このあたりから、話は随分となまぐさくなる。東京ラウンドで、非関税障壁撤廃のために、いくつかの協定が作成された。一般に、東京ラウンド諸コードと、それらが呼ばれて来た。

ここでは二つの協定をとりあげる。政府調達協定(コード)と、スタンダード・コード(TBT協定)である。政府調達(ガバメント・プロキュアメント)についての協定は、次の理由から必要とされた。政府はそれ自身が、国際貿易の大きなプレーヤーである。従来のGATTは物の貿易のみを扱って来たが、政府が購入する物（産品）は巨額に及ぶ。自由貿易を一層拡大させるためには、政府の物品購入の面も自由化させ、内外無差別とする必要がある。その趣旨で政府調達協定が作成されたのである（その発想自体、極めて大雑把なものであることに、注意すべきである）。

GATT上の各国の関税交渉が、お互いに譲りあう互譲の精神でなされる（これを関税の譲許〔コンセッション〕といい、そこで定められた税率を、譲許税率と言う）のと同様、政府調達交渉は、各国間のリクエストとオファーの積み重ねによってなされた。ウルグアイ・ラウンドでも、新たな政府調達交渉がなされ、WTO体制下では新たに、サービスについての政府調達も、同様のルールの下に置かれるに至っている（但し、WTO諸協定の中で、政府調達協定は、WTOの全締約国に適用されるのではなく、複数国間〔プルリラテラル〕な協定として、位置付けられている）。

ただ、GATTの場でのそうした交渉とは別に、とくにアメリカが日本に対して種々の圧力をかけて来ている。そのために日本は、実に妙な妥協をして来ていたのである。

◈民営化と政府調達？

アメリカは従来より、日本の市場は閉鎖的だとして、対日圧力を続けて来ている。もともと東京ラウンドの頃、日本国内の通信事業（国内通信事業）は、当時の電電公社の独占であった。そこで、まず電電公社は政府と一体だから、政府調達協定の中に、日本のオファーとして電電公社を挙げろ、と日本に詰め寄った。日本の国内通信を独占していた電電公社の調達額は、コンピュータを含めて巨額に及ぶ。そこを狙ったのである。そこで日本は、電電公社の物品調達も政府のそれと同じようなものだからとして、ＧＡＴＴ政府調達協定上、それを自らオファーした。オファーをすれば、内外無差別の調達が義務づけられる。そこまではよい。

だが、一九八五年に、電電公社は民営化されて、ＮＴＴとなった。政府の規制は強く残るが、ＮＴＴは株式会社である。そして、日本の通信市場に、（国際通信市場を含む――こちらは当時のＫＤＤの独占であった）いわゆる競争原理が導入された。新規参入事業者との、競争になった。この日本の制度改革についても、日本固有の事情はあったが、アメリカからの強い圧力があった。アメリカでは、民間企業がずっと通信事業を行なって来た。それに日本もあわせろ、という主張である。

さて、電電公社から株式会社ＮＴＴになったものの、アメリカは、次のような主張をして来ていた。前記の、アメリカの要求に従った制度改革により、ＮＴＴは政府自体とは切り離される。だが、政府調達協定はＮＴＴについても適用し続けろ、とアメリカ政府が強く主張し、日本側がそれに従ってしまったのである。しかも、ＮＴＴデータという高度なコンピュータ間の通信を営む会社（そして、自動車電話等の移動体通信を営む会社たるＮＴＴドコモ）がＮＴＴから分離された際にも、アメリカは、今度はそれらの会社の調達についても、日米間のみでＮＴＴの調達に関する日米協定と同じ扱いをせよ、と迫った。

実は、ＧＡＴＴの政府調達協定を越える部分でのＮＴＴの「政府」調達については、日米間に政府間協定が結ばれていた（日本側は外務大臣が署名）。ＧＡＴＴ上の約束とは別枠ゆえ、ということでこの日米協定が結ばれた（この協定の内容自体、終始秘密扱いされて来たのであり、釈然としない。だが、Ｗ

TOの父ともされ、かつ、実はアメリカ通商法三〇一条のドラフトにも関与していたアメリカのJ・ジャクソン教授が、この協定について熟知しつつ、その著書において、それにつき極めて曖昧な論述をしていたことは、一層釈然としない。石黒・通商摩擦と日本の進路九三頁以下、とくに九四頁を見よ）。NTTデータ等は、日本政府の要請を受けてか、自主的にそうした拘束を受けることを、約束して来ていた。

民営化とそれに対する補償要求？

NTTと新規参入事業者（NCC各社と呼ばれる。ニュー・コモン・キャリアズの略である）との「公正競争」が叫ばれる中で、NTTやその子会社のみが、日米間の協定による妙な拘束を受けて来ていたのである。「妙な」と言ったのは、この日米協定が、お互いに譲りあうという意味での本来のレシプロシティ（相互主義――後述）に、反しているからである。つまり、アメリカ側は一貫して、アメリカの通信事業はすべて民間会社が営んでおり、それらの企業の調達行動は「政府」調達とは全く無縁である、として来ていた。

この日米協定は、極めて不純なアメリカ側の動機に基づくものであり、即刻廃棄すべきである、と私は叫び続けて来た（この日米秘密協定が無くなったのは、二〇〇一年七月のことである）。他方、民営化後のNTTが、何故GATTの、そしてWTOの「政府」調達コードの適用を受け続けるのか（そして、同じく民営化後のJRや日本たばこ〔JT〕等も同様の取扱いを受けている）。その点に十分な理由があるのかも問題となる。従来の政府調達協定に付された各国別オファー・リストの中で、ある国は、リストに載せたある官庁につき、民営化がなされた場合には、以後、同協定の適用を受けない、と宣言している（石黒・通商摩擦と日本の進路九五頁）。それが筋ではないか。

後述の如く、アメリカは各分野での民営化促進を、ウルグアイ・ラウンドと並行して強く他国に求めて来た。そのアメリカが、このラウンドの政府調達協定改訂のための交渉で、民営化により政府調達額が減ったら、その国は別な新たなオファーをして、減った分の補償をせよと言い出した。この主張は否定されたが、日本は前記の日米協定を含め、次々とアメリカの圧力に屈して来ていた。日本は、なぜ物事の筋を通そうとしないのだろうか（この思いと共に、私は、一九九四年の夏から秋にかけての、テレコム・医療技術分野に関する〝日米政府調達摩擦〟で日本側の対応の後方支援に専念し、勝利を得た。石黒・通商摩擦と日本の進路七七頁以下）。

要するに、根底にあるのは、日本の巨額の対米貿易黒字を減らすには、大きな調達力を誇るNTT（及びその子会社）に外国、とくにアメリカの物を買わせればよいではないか、といった安易な発想である。なぜそれが「政府」調達なのかを、改めて問い直す必要がある。それと共に、NTTと新規参入事業者（NCC各社）との「公正競争」上、NTTのみが「政府調達協定プラス日米協定」による調達上の重荷を背負って来たことが、どう評価されるべきなのか。この点は、今の日本では殆どタブー視されている。けれども、政府調達協定の線に沿って内外無差別の調達をするには、あらかじめ何を調達するかを、一々費用をかけて官報に掲載し、そこから厳正な手続を経ねばならない。競争相手に、その段階で自らの手の内を知られることになる。健全な競争（いわゆる「公正な」競争）を促進する、という観点からも、問題とすべき点があるように思われる。

◆純然たる民間会社の調達行動と行政指導？

そもそも、なぜ非関税障壁撤廃と政府調達の内外無差別化とが直結するのかも、私には十分納得できない点がある。所詮はドンブリ勘定的な考え方のように、思われてならないからである。一人勝ちして貿易黒字を貯め込んで来た日本は、それ自体アンフェアだ、とする従来からのアメリカの対日圧力を考えれば、なおさらである。

だが、その点はともかくとして、一層烈しくなる一方だった日米経済（通商）摩擦の中で、日本政府は、純然たる民間企業に対しても、それぞれ調達についての企業内部でのルールを作り、内外無差別の調達を徹底「して下さい」という指導を、行なって来ていた。これも妙な話ではないか。アメリカからその旨の圧力があったことは明らかだが、そもそも自由な市場競争において、個々の企業が誰から何をいくら買おうが、基本的には自由のはずである。日本にはそもそも競争原理が全く働いていないから日本政府として責任をとれ、とでも言われたのであろうが、政府の側が、たとえお願いベースであろうと、こうしたことを民間企業に依頼することは、かえって日本の市場が官民一体型で外国に対して閉鎖されていた、という海外からの疑いを裏付けることにもなろう。それに企業側が従うとしたら、それも問題であろう。

◆いわゆるスタンダード・コードをめぐって

次に、やはりもともとは東京ラウンドで作成された、いわゆるスタンダード・コード（正式には「貿易の技術的障害〔テクニカル・バリアズ・トゥ・トレード〕に関する協定」〔通称ＴＢＴ協定〕）について見ておこう。この協定は、かなり重要な政策目的を有するＷＴＯ上の協定でもある。つまり、各国の基準・認証制度と深くかかわる。基準・認証制度とは、それぞれの国が独自の技術基準（技術標準）や薬品等の安全性を確保する等のための制度を有していることを指す。各国バラバラな基準・認証制度を有していると、海外から製品輸出をするために、企業は、輸出先の国ごとに、その国の規格等を満たさねばならなくなる。そこで、合理的な範囲で各国の基準・認証制度を統一しておこう、というのがこのスタンダード・コード（ＴＢＴ協定）の目的である。具体的には、一定の問題について、国際的な技術標準があれば、極力それにあわせて各国の国内標準を作成すべきこと等が、そこで定められている。

この協定の基本的ポリシーは、情報通信ネットワークの国際的な発展を考えた場合、とくに重要なものとなる。通信の基本は、どこからどこに対しても（エニー・トゥー・エニーで）通信できることにある。そのためには、国ごとに違った技術基準（技術標準）のあることは、大きな障害となる。国際標準化作業の重要性は、後述のＩＴＵ（国際電気通信連合）という国際組織において、従来より深く認識され、国際的なネットワーク接続のために、多くの技術標準が作られている。ＧＡＴＴからＷＴＯへと、ウルグアイ・ラウンドを経て拡充されたスタンダード・コードは、国際的な標準化作業に連動して、国内的なそれを行なうべきことを、説いているのである(但し、純然たるサービスそれ自体には、この協定の射程は及んでいない。新旧両協定の実に屈折した関係については、石黒・グローバル経済と法三四一頁以下)。

ちなみに、日本国内での技術標準（技術規格）として、いわゆるＪＩＳ規格がある。我々の身のまわりには、数多くＪＩＳマークを付した物がある。ボルトとナット、ソケットとプラグとをあわせておかないと、話にならない。それと同じことを、情報通信の領域をも含めて広く行なうのが標準化作業だ、ということになる。

◈外国検査データの受入れ問題

前記の国際標準の問題と共に、従来からスタンダード・コード（ＴＢＴ協定）では、輸入に際しての種々の検査等が、国際貿易を阻害せぬように、配慮している。例えば薬品の場合、ヨーロッパの製薬会社が日本に薬品を輸出するに際して、臨床試験等を改めて日本でせねばならない。その外国で既に十分な臨床試験等をしていても、である。

この側面でのスタンダード・コード（ＴＢＴ協定）の機能には、実は諸刃の剣としての問題がある。たしかに、合理的に見て必要のないはずの規制は、各国にある。日本にもある。それらによって自由な貿易が阻害されることは、たしかに排除されるべきでもあろう。

だが、薬品についての外国検査データの受入れについては、どうだろうか。貿易の論理からは、二度手間だから輸出先の国での独自の検査はやめろ、ということになる。

ここで想起すべきは、かのスモン病の場合である（石黒・国際私法〔新世社〕二頁以下）。キノホルムというおなかの薬の大量服用によって、多数の（副作用による）被害者が出た。日本各地でいわゆるスモン訴訟が起きたのである。このスモン病の場合、同じく大量のキノホルムが投与されても、不思議なことに欧米では殆どスモン病が発生せず、日本だけで被害が多発した。

それはなぜかと言うと、実は薬の副作用には、人種差がある、ということが深く関係する。そして、副作用と人種差についての研究は、専門の自然科学的研究においても、いまだ十分な成果が挙がっていないのである。それはまさに今、エイズの研究と同様の未開拓の研究領域として、各国の研究者が研究している段階にあるのである。

ところが、実際には、非関税障壁の撤廃という貿易の論理のみにより、外国検査データの受入れ問題が議論されているのである。問題の新薬がキノホルムだったとして、考えて欲しい。欧米での検査によれば副作用はなかったとする。けれども人種差の問題は、実はクリアーされていない。それなのに、外国検査データを受け入れろ、という対日圧力が加わる。輸入薬品につき日本独自の臨床試験等をせねば国内では売らせない、というのも日本政府による規制の一環である。アメリカの規制緩和論（その屈折に満ちた展開につき、石黒・法と経済五一頁以下）の「輸入」により、また、とくにアメリカの対日圧力に基づき、昨今、日本の規制緩和論は、一九九二年末の平岩レポート（石黒・通商摩擦と日本の進路三五五頁以下）以来、実に華々しく主張されて来ている。一体、どうなるのだろうか。

◈ 規制緩和論と社会的規制

平岩レポートにおいては、政府規制が経済的規制と社会的規制とに、区分されていた。この区分は、アメリカの経済学の方で説かれていたものを輸入したものである。経済的規制とは、一定の事業分野（例えば通信）における事業者の行動を、典型的には政府の種々の許認可にかからしめる類の規制である。平岩レポートは、経済的規制は「原則自由、例外規制」として、規制緩和を抜本的に行なえ、としている。それ自体についても、論ずべき点は多々あり、通信事業の場合について、第二部第三章、そして第三部でも後述する。

社会的規制とは、まさに薬品等の安全基準に関する規制を、その典型とする。この規制の二分法は、それほど厳密なものではないが、ともかく平岩レポートは、社会的規制についても、規制緩和を徹底せよ、と説く。つまり、社会的規制については、自己責任原則を重視し、最小限のものにとどめ、たえず見直しをせよ、とする（それが、一九九七年の日本に吹き荒れた〝行革・規制緩和の嵐〟、そして、その後のいわゆる〝聖域なき構造改革〟論と、直結するのである！）。

社会的規制についての平岩レポートの提言は、法律学からは、極めて違和感のあるものである。食品や薬品、電化製品等についての安全基準についても、自己責任原則を徹底せよ、とある。だが、結局それは、馬鹿な消費者は自己責任で死ね、というに近い。つまり、政府の側が危険な薬品等をあらかじめ規制してそれらを市場に置かぬようにすることはやめ、ともかく市場原理で解決せよ、ということである（アメリカの規制緩和の源流は、実は一九六〇―七〇年代に高まった社会的規制の重視に対し、企業側が、コスト高回避のため規制の効率分析をせよ、と歴代政権に迫って行ったことにある。石黒・法と経済五二頁以下を見よ）。

もちろん、薬品等の安全性については企業側が十分な情報を消費者に出せということ（いわゆるディスクロージャーの徹底）が、強調されることになる。企業には薬の説明書に細かく書かせ、消費者はすべてそれを理解し、自分で危いかどうかを判断した上で買え、ということである。それが自己責任原則の、消費者にとっての意味である。

他方、欠陥のある商品によって、消費者側に被害が生じたら、いわゆる製造物責任（プロダクト・ライアビリティ）についての法律などで、損害賠償等をせよ、とされる。だが、当の消費者が死んでしまっていたらどうなのか（石黒・法と経済二〇八頁以下の「『自己責任』概念の二重性」に注意せよ）。

◈アメリカの「小さな政府」論と日本の「規制緩和」論

そもそも、日本の規制緩和論は、一九八〇年代にピークを迎えたアメリカのそれの、焼き直しである。レーガン政権当時、とくに強調されたのが、「小さな政府」論であり、それまでは政府が種々の形で企業側の行動に口を出していたことをやめ、市場原理ないし競争原理に極力すべてを委ねようとした。それが、ステレオタイプ化されたアメリカの規制緩和論のイメージである。

アメリカでは、それにあわせて独禁法（反トラスト法）の規制も、相当程度緩和された（知的財産権の独占による社会的コストとの関係で必要たるべき、反トラスト法の側からの問いかけも、一九九六年五月のＦＴＣスタッフ・レポートの発出まで、二〇年近く、抑え込まれていた〔！〕のである。石黒・法と経済一八九頁以下）。それら一連の事柄の背後には、市場原理を強調する、いわゆるシカゴ学派経済学（但し、シカゴ学派内部での正統と異端の問題につき、石黒・法と経済二三頁以下）の強い影響があった。だが、アメリカは日本に対し、規制緩和を強く要求しつつ、日本の独禁法は強化せよと言う。日本的取引慣行を排除し、外国（実はアメリカ）企業を日本の市場に、多く参入させようとする狙いから、である（同様に、日本を含めたアジア諸国は自らの競争政策の不十分さを自己批判せよ、といった身勝手な声が、とくにＷＴＯ設立直後から高まった。まさにそうした趣旨で一九九六年一月にシンガポールで、ある国際会議が開催された。私がそこでどう戦ったかについては、石黒・貿易と関税一九九六年三月・四月号の連載論文を見よ。このシンガポールの会議で、私は、石黒・法と経済一五三頁以下の「二つのコンテスタビリティ理論?」の問題〔本書第三部で扱う〕と、出会ったのである)。

いずれにしても、日本の規制緩和論のこの暗い背景はともかくとして、社会的規制についてそれを最小限のものにせよ、とする平岩レポート以来の主張は、実におかしい。

アメリカでは、そもそも国土がとてつもなく広いこともあり、かつ、大統領がかわれば主だった役人は首を切られる、といった伝統もある。政府規制をする立場の役人の資質の点で、日本とは多少の差もあるし、結局、何でも政府(とくに連邦政府)が規制をし、コントロールしようと思っても限度がある。だから、私人に公法的・非民事法的な法規のエンフォースメントについて、種々のインセンティブを与え、「官」の側が本来なすことの一部を「民」の側に委ねたりもする(〝法の実現における私人の役割〟の問題。石黒・国際私法〔新世社〕一二頁注20)。

けれども、それと全く同じことを日本でもせよ、あるいは、すべきだと言うことは、論理必然のことではないはずだ。そもそも、人々の健康や安全につき、原則として企業側の良心と一般消費者の自己責任に委ねるべきだ、といったことが、日本の社会で素直に受け入れられるべきことなのか。一体何のための政府なのか、一体何のために我々は税金を払っているのか、ということを多くの国民は、感ずるはずである。

昨今の日米通商摩擦の流れの中で、一九九四年二月の日米首脳会談で当時の細川首相が、アメリカの対日要求に対し「ノー」と言ったあたりから、日本の役人が国民の利益をも省みずに「ノー」と言わせたのだ、とのアメリカ側の声が、日本のマスコミにも強く斜した。その延長線上で、日本の規制緩和論にも一層の拍車がかかったかに思われるが、そもそも平岩レポートの論拠は、極めて薄弱なのである。

ちなみに、平岩レポートでは環境に関する規制も、社会的規制として位置づけられ、それについても、最小限として自己責任原則を……、とされていた。各国が環境保全を強調し、やむにやまれず種々の新たな規制を導入しつつある昨今、何たる時代錯誤の主張が、そこでなされていたことか。

◆国際標準化作業への一つの懸念

ここで、ＷＴＯ体制下のスタンダード・コード（ＴＢＴ協定）の問題に再び戻ることにする。私は、情報通信分野における国際標準化作業の重要な意義を、従来から強調して来た。その基本的スタンスは変わらない。だが、最近の国際標準化作業には、何かしら不純な要素が加わりつつある。

例えば、ＩＳＯ九〇〇〇シリーズという一連の国際標準がある。ＩＳＯ（国際標準化機構）とは、ジュネーブに本拠のある民間の国際的標準化団体である。日本のＪＩＳ規格は、このＩＳＯの設定する技術標準と、連動している。このＩＳＯ九〇〇〇シリーズの国際標準は、製品の製造工程における品質保証のあり方を標準として定めたものである。スタンダード・コード（ＴＢＴ協定）の基本たる国際標準遵守義務からして、それをも国内標準化することが、要求される。

だが、製品の品質保証は、様々な形で担保できるはずである。別に特定の工程を経なければ品質が保証されない、という筋合いのものではない。とくに日本の企業や消費者が、製品の品質に対し、おそらくは世界で最も厳格な要求をしている、とも言える。ちょっとでもシミのついた洋服は、恥ずかしいからもう着ない、という国民性が、その背景にはあるのだろう。だから、企業側も、様々な工夫をして品質を保証しようと躍起になる。

ところが、ＩＳＯ九〇〇〇シリーズの国際標準により、特定の工程を経ることが、製造プロセスの流れについて要求される。しかも、製品輸出において、この国際標準を遵守して製造した旨のお墨つきがないと、不利に取扱われる。

そして、ＩＳＯ九〇〇〇シリーズでは、肝心の、最終的な製品（及びサービス！）の品質は、何ら問題とされない（！）。工程のスペック化（手順の明確化）・マニュアル化（文書化）・第三者認証の三つが、その骨子であり、発想自体が歪んでいるのである（詳細は、石黒・グローバル経済と法三〇五頁以下、とくに三三一頁以下）。

別に日本叩きのための標準化、とまでは言わないが、なぜこんなものまで標準化する必要があるのかは、少なくとも日本の側から見れば疑問であるし、第一不自然でもある。

また、環境保全のためにも一定の製造工程を経るべきことが、やはりＩＳＯの場で標準化されて来ている。ＩＳＯ一四〇〇〇シリーズである。これもＩＳＯ九〇〇〇シリーズと同様、納得できない面のある標準化である。

一般的な問題としても、国際標準化作業の現場に、徐々に後述の不公正貿易論の影が忍び寄りつつあるようで、気になる。これが単なる杞憂であればよいのだが（――と本書初版では書いておいたが、その後の実にドス黒い動きについては、石黒・グローバル経済と法三〇五―三六六頁）。

◈不公正貿易論とGATT・WTO

さて、GATT、そして現在のWTO諸協定は自由貿易の体系である旨、既に述べたが、この自由貿易主義に対し、昨今、不公正貿易論（あるいは公正貿易論）なるものが説かれて来ている。アメリカのレーガン大統領などは、「自由な貿易は、公正な貿易でもある」と力説し、不公正貿易国に対しては断乎闘う、としていた。自由で公正な貿易であれば、アメリカ企業は常に競争に勝つ、と断言して支持者を沸かせたりもした。

何が公正で不公正なのかについては、第二部第二章で触れる。だが、ここで確認しておきたいのは、（不）公正貿易論とGATT（GATT一九九四）との関係である。

GATT六条は、アンチ・ダンピング（AD）規制と、輸出補助金に対する相殺措置について定めている。既述の如く、前者が規制の対象とするのは、自国で売っている価格よりも安い価格で相手国に輸出し、相手国の産業に打撃を与える行為のことである。それをダンピングと定義し、かかるダンピングを「非難すべきものと認める」とする規定が、GATT六条の中にある。

他方、補助金（輸出補助金）に対する相殺措置とは、輸出に際し、普通ならば一〇〇ドルでしか輸出先の国で売れないのに、二〇ドルの補助金を出し、八〇ドルで有利に売らせるような行為に対して、輸出先の国で、右の二〇ドルに相当する関税（これを相殺関税と言う。補出補助金の効果を相殺する関税、という意味である）をかけることを言う。

ともにもともとは東京ラウンドで、GATT六条を補完する特別の協定（コード）が作られ、ウルグアイ・ラウンドでそれぞれの改訂がなされた。

たしかに、ダンピングや輸出補助金の付与は不公正だ、ということが言われる。だが、GATT六条には、「不公正」という言葉はない。また、これらの行為に対する措置は、それ自体が貿易制限的でありながら、各国が同条（そして前記のコード）の下で独自にとり得るものであり、その点でGATTの大原則との関係で、例外をなしている。従来のGATTの基本は、いわば全体監視システムにある。全締約国（締約国団）が一致して行動するのが、大原則である。GATT六条は、それに対する重大な例外をなしていたのである。

◆アンチ・ダンピング規制自体が不公正だというパラドックス

実は、アンチ・ダンピング措置は、アメリカ、EC（EU）、カナダ、オーストラリア等で（最近は途上国でも！）極めて頻繁に発動されて来ており、最もポピュラーな通商上の措置となっている。しかも、各国のアンチ・ダンピング措置自体が最も不公正だ、という根本的なパラドックスがそこにある。ダンピングと言えば、日本で一〇〇円で売っているのにアメリカやEC（EU）で八〇円で売る、という企業行動を連想しがちである。けれども、輸出先の国で一三〇円で売っても、一旦ダンピング提訴（それは輸出先の国の企業が、自分が被害を受けたとして、その国の当局に対して行なう）がなされると、殆ど自動的にダンピングだ、とされてしまう傾向にある。

その傾向が最も顕著で、最も悪名高いのは、EC（EU）のアンチ・ダンピング規制である。アメリカは、この点ではECにおける規制の際限ない強化に追随して来ている面もある。要するに、GATT六条やアンチ・ダンピング・コード（AD協定）の規律が十分でなく（ウルグアイ・ラウンドにおける同コードの改訂により、それなりに合理化がなされたが、到底十分ではない。それがゆえに、二〇〇二年から交渉が本格化するWTO次期ラウンドにおいて、日本はADの問題を扱うべきだと、強く主張しているのである)、各国がかなり勝手な規制をして来ているのである。

問題は、例えば日本で売る価格とEC(EU)で売る価格との、比較の上での恣意性にある。具体的には、アンチ・ダンピング税をかける際の、コスト計算上の問題である。日本での価格が一〇〇円、運賃等の輸出に伴うコストを一五円、そしてEC(EU)での販売価格を一三〇円としよう。実際にはそれぞれの価格から一定のコストを引き、その上で日本・EC（EU）での双方の価格を比較するのだが、その際、意図的に日本の価格（一〇〇円）からは少なく引き（例えば二〇円引いて八〇円とする)、輸出先のEC（EU）での価格（一三〇円）からは多く差し引くのである（例えば六〇円引いて七〇円とする)。それによって、八〇円マイナス七〇円で、計一〇円分のアンチ・ダンピング税が課される、というからくりなのである。

EC(EU)でダンピング提訴がなされると、殆ど必ずクロにされる、という背景には、右に示したようなそれ自体が不公正な罠が、あちこちに仕掛けられている、という現実があるのである。

もちろん、GATT六条やAD協定に反する規制を各国がしておれば、その都度WTO提訴をする道がある。けれども、規律の合理化が、いまだ十分なされていない。また、ウルグアイ・ラウンドでもそうであったが、日本などがルールの改善を要求しても、主要諸国や、最近は一部の途上国までもが、しきりにアンチ・ダンピング規制をしているため、それらの国々が、自分に都合のよいようにWTOルールを不明確なままにしておくか、あるいは一層規制を強化して何でも引っくくれるようにしてしまえ、と考えるのである。そのため、なかなかうまくゆかないのである。

◈独禁法による規制とアンチ・ダンピング規制

そもそもの問題は、これこれの内容の行為をダンピングと定義し、それを「非難すべきものと認める」、としてしまったGATT六条にある。実は、独禁法上も、不当廉売規制といって、不当に安い価格で売って他の事業者を蹴落とそうとする企業行動は、一定の規制の対象とされる。GATT六条に基づくアンチ・ダンピング規制と類似する。だが、両者は、実態としては似ても似つかぬものになっていると言ってよい。

経済理論の側から、日本においてもとくに最近は、アメリカやEC（EU）のアンチ・ダンピング規制が貿易に与える歪曲的効果につき、鋭い分析がなされて来ている。正常な企業行動までが、どんどん「規制」され、アンチ・ダンピング税をかけられる状況にあるからである。そして、同じく安価販売を規制する独禁法との関係でも、ある国への外国からの産品の輸入に際して、かえってアンチ・ダンピング措置により、輸入国での活発な競争が阻害される、という面での問題が認識されつつある。OECDなどでも、この意味での通商政策と競争政策との協調ないし一致が必要だとする報告書が、随分前に出されている。実際にアンチ・ダンピング措置を発動する際に、それを担当する当局（日本で言えば財務省と経済産業省）が、十分に公取委と連絡をとってから行動をせよ、ということがその第一歩となる。

◆アンチ・ダンピング措置がなぜ国に対する措置になるのか？

私が最も納得できずにいる点の一つは、一般の内外の風潮として、アンチ・ダンピング措置が特定の「国」からの輸入に対する措置だ、といったことが当然視され易いことにある。なぜそうなるのか。ダンピングは、そもそも個々の企業の価格設定の問題である。だが、実際の各国のアンチ・ダンピング規制では、ある国から自国への輸入に際し、前者の国の主だった企業につきコストと価格とを比較して、調査をするにせよ、そこで非常に妙なことが行なわれたりする。その国から三〇社が輸入していたとすると、そのうち五社位を調査し、以下同文としたりするのである。しかも、実際に調査をした数社のうち、一番高率のアンチ・ダンピング税をかけられる企業の税率を、調査していない他の企業に、自動的にあてはめたりすることもなされて来た。

規制当局の論理としては、多数の企業からの輸入があるとき、一々全部調査などしていられるか、となる。日本でもそのような声が聞かれるから、実に困ってしまう。このような規制サイドの論理は、そもそもおかしいはずである。何のためにアンチ・ダンピング規制をするのか、というそもそもの初めを問わねばならないはずである。

こうした物事の基本を見据える眼がしっかりしていないため、個別の企業行動を問題とするはずのアンチ・ダンピング規制が、個別企業ではなく特定の国からの輸入に対する措置のように、容易に転化しがちになるのである。そして、それを前提として、アンチ・ダンピング規制はセーフガード（緊急輸入制限）措置に対する代替手段だ、といった法理論的には実におかしな認識が、一般的になされることにも、なってしまうのである。

既述の如く、セーフガード措置は、輸入急増により自国産業に大きな被害がもたらされる場合、その緊急性を理由に、一時的に輸入を制限してよいとする、例外的な措置である。だが、無差別に、つまり、どの国からの輸入かを問わずにすべて制限することが、基本的には要求される（但し、WTO体制下の新セーフガード協定では、この点にも例外が認められてしまった）。しかも、要件が厳格で使いにくい、とされて来た。そこで、まさに特定の「国」を狙い打ちして輸入障壁を設けることのできる、アンチ・ダンピング規制が、便利な代替物として認識されがちなのである。しかも、ダンピングはそれ自体「不公正」なことだからと、相手「国」を非難する姿勢において、措置がとられるのである。

最初にGATT六条が、これこれのダンピングは「非難すべきものと認める」と言ってしまったことが、すべての原因である。経済理論に相対的には一層近い形でなされる独禁法上の不当廉売規制と違い、WTO体制下での各国のアンチ・ダンピング規制は、特異な形で「定義」されたダンピングを規制するものである。ウルグアイ・ラウンドにおいて、そのそもそもの初めを問うべきだとした香港の主張を、なぜ日本は、アメリカやEC（EU）と一緒になって潰してしまったのだろうか（私はADの専門家になろうなどとは、一切考えない。悪法の典型と言うべきAD規制それ自体を潰すことの方が先決だから、である。だが、WTO設立前後から、AD措置には、輸入国内で輸入品を中間財として使用する企業にとってコスト高になる、との点が、当のAD措置を頻繁に発動するアメリカでも、問題視されるようになる。AD措置には〝自らの足を撃ち抜く〔ア・ショット・イン・ザ・フット〕効果〟があるから、などとされるに至ったのである。だが、その先が問題である。そもそも輸出する側の国〔例えば日本〕の国の中で不公正なことが行なわれているのだから、その外国の国内を叩け、という方向に拍車がかかることになったのである。石黒・法と経済一五八頁以下)。

◆地域的経済統合とWTO

さて、ダンピング関連の問題は、際限がないからこれ位にし、次にEC(EU)やNAFTA(北米自由貿易地域)のような地域的経済統合とWTOとの関係に移る。もともとGATT二四条がこの点を定め、ウルグアイ・ラウンドで作られたサービス貿易に関する一般協定(GATS)の五条も同様の、但し多少ニュアンスの異なる規定を置く。既述の如く、戦後のGATT体制は、戦前の各国がそれぞれ経済ブロックを構成し、その相互が対立したことへの反省として構築された。にもかかわらず、GATT二四条の規律は極めて不十分なままである。

もともとGATT二四条は、従来のEC(EEC)のような、巨大な地域的経済統合のことを念頭に置いていなかった、とされる。ベネルクス三国のような、規模的に小さな国々の間での経済統合を念頭に置いていたのである。そうであるなら、いわゆるローマ条約によりEECが初めて組織された段階で、なぜGATT上の問題がとことん議論されなかったのだろうか。

GATTでは、この点を議論すべきだ、という声は、当時たしかに挙がった。そして、若干は議論があった。だが、早々に議論は打ち切られてしまった。既述のGATT的プラグマティズムが、最もネガティブな意味で示された一つの場面である。GATT二四条にも、それなりに地域的経済統合がGATT上認められるための要件は定められているが、単に「流れにまかせて、様子を見よう」ということで、プラグマティックに処理されてしまったのである(石黒・〔研究展望〕GATTウルグアイ・

ラウンド三四頁以下)。

それをよいことに、EC(現在のEU)側は、次々と旧植民地たる多くの途上国を巻き込み、特別の取扱いを相互に行なう旨の協定づくりをし、それをも事実上GATTに認めさせてしまった。そして、アメリカもヨーロッパでの一層の経済統合の流れを懸念しつつ、米加自由貿易協定を、さらにメキシコをも巻き込み、NAFTA(北米自由貿易協定)を結んだ。それらの動きについて、従来のGATTは殆ど無力だったのである。

もっとも、GATT、そして現在のWTO体制が、この点について全く無力だという訳ではない。例えば、地域的経済統合の前と後で、後の方が他の諸国に対する貿易障壁のレベルが高くなっている、等のことに対しては、WTO提訴も可能である。また、ウルグアイ・ラウンドで作成されたGATSにおいても、昨今のEC(EU)が求めがちな、結果主義(成果重視の貿易政策)的な立場に対して釘をさす規定などもある(日本がドラフトを書いたGATS五条である。石黒・貿易と関税一九九二年一一月号三七頁以下)。

◈ 地域的経済統合と原産地協定

けれども、例えばウルグアイ・ラウンドで新たに作成された原産地(ルール・オブ・オリジン)協定などでは、やはり地域的経済統合に対する、腰の引けた対応が目立つ。原産地協定とは、例えば時計にメイド・イン・ジャパンとあるときの原産地(原産国)の決め方をルール化したものである。

原産地問題は、それ自体はニュートラルな問題のはずである。だが、例えば対日輸入制限措置や対日アンチ・ダンピング措置などが既に（不当に）かけられている場合（例えばEC〔EU〕としよう）、日本企業が第三国（例えばアメリカ）の工場等で製造した物を、かかる規制をしている国に輸出すると、輸出先の国でこれも日本製だとされ、既存の輸入制限措置に組み込まれたりするのである。EC（EU）などは、わざわざ日本企業のアメリカ工場での工程（製造上の重要な工程がそこで行なわれていた）を調べ、ネガティブ・リスト方式と言って、それらの工程だけでは日本製でないとするためには十分でないとした。明らかに狙い打ち的な、アンフェアなやり方である。さすがに、こうした一連のおかしな原産地の決め方に対し、ウルグアイ・ラウンドで、ルールの明確化の必要性が認識されたのである。

原産地問題についての本格的な検討は、ウルグアイ・ラウンド以降となるが、それでも最低限の歯止めとなるルールは、前記の原産地協定にも示されている。そして、とくにNAFTA（北米自由貿易協定）には、問題とすべき原産地ルールも少なからずある。だが、ウルグアイ・ラウンドの原産地協定では、いわゆる特恵分野（特別な待遇がとくに認められている分野——地域的経済統合を含む）は別扱いとされ、殆ど何も規制できない状況にあるのである。

これでは、地域的経済統合による世界の新たなブロック経済化に対する歯止めにはならない。新たなブロック化が顕著になり、その流れが世界に広がりつつある段階で、GATTがWTOという国際組織にいわば格上げされた、というのは何とも皮肉なことである。

◈ 地域的経済統合と経済理論？

ＧＡＴＴ二四条を含めた法規定があまりにあてにできぬなら、経済理論の方で何かはっきりしたことが言えないか、と思ったのだが、いろいろな場面で議論していると、どうもあまり脈がない。ＮＡＦＴＡの場合について、とくに旧経済企画庁の研究会で議論した経験もあるが、要するに次のようなことであった（なお、石黒・グローバル経済と法二七〇頁以下）。つまり、ＥＣ（ＥＵ）でもＮＡＦＴＡでも、域内の経済活性化のために域内での貿易障壁をなくしてゆくのだから、そこで貿易の観点からも一定のプラスの効果がある。だが、そのことによって、域内の国が域外の第三国から輸入していた財やサービスを域内の別の国から求めようとする、等のことも生ずる。それらを種々考えながら、プラスとマイナスのいずれが大きいかを判断する、ということのようである。比較的単純な議論のようにも思えた。

だが、問題はそれをどう計算するかである。ＮＡＦＴＡの場合、アメリカでいくつかの試算例があるのだが（石黒・グローバル経済と法二七一―二七二頁の二つの表を見よ）、どれも前提や計算方法が微妙に異なっているし、とくに、非関税障壁をいかに数値化すべきか、といったことも問題となっている。モデルと変数を設定すればそれなりに答は出るが、入口での人為的操作が、大いに気になったのである。

かくて、法も経済も、戦後半世紀を経た新たな経済ブロック化の流れに対し、現状では無力に近い。だが、地域的経済統合によって域外国との関係での貿易障壁を高めてはならないとする基本的要請（現状でも、既述の如く規定はある）を踏まえ、その観点からの監視を強化する道がある。そのことによって、地域的経済統合と経済ブロック化とが直結しないように、持ってゆくのである。他方、様々な不公正貿易論議が不明確な形でなされてゆくことに対し、次の第二章で示す観点からの批判を、一層精緻化させてゆくことが、案外重要でもあろう。そして、次のラウンドで、原産地協定について見られたような、地域的経済統合についての特別扱いを、極力なくしてゆくことも、重要であろう。残念だが、現状ではその程度のことしか、言えないのである（その後、日本も遂にシンガポールとの間で「日・シンガポール新時代経済連携協定」という名称の二国間自由貿易協定を、二〇〇二年一月に締結するに至った。世界の流れに抗し切れず、ということであろうか。小宮隆太郎東大経済学部名誉教授と共に、私も、若干割り切れないものを感じている）。

◈ＷＴＯ紛争処理手続とは？

さて、アメリカは、とくに自国産業の国際競争力の強いサービスの貿易と知的財産権の分野を、新たな世界貿易体制の中に盛り込もうとして、ウルグアイ・ラウンドへの強い意欲を示していた。それは、従来のＧＡＴＴが、ある種の牙を持っていたからである。ＧＡＴＴ二三条の紛争処理手続である。

ＧＡＴＴ二二、二三条が締約国間の紛争処理について定めている（ＧＡＴＴ一九九四として、ＷＴＯ体制下でも受け継がれている）。二二条の手続を経て、当事者たる両国間での協議がうまくゆかない場合、二三条の下で、いわゆるＧＡＴＴパネルが設置される。何人かのパネリストが、その紛争を処理するために選ばれるのである。このパネル方式はＧＡＴＴ成立当初からあった訳ではなく、徐々にそうなって来たのだが、それはよい（ＷＴＯ体制下では、パネルの上に上級委員会が置かれるに至り、松下満雄教授、続いて谷口安平教授が、委員をつとめて来ている)。

このパネリストには、例えばGATTの建物、そして今はWTOという名の国際機関のあるジュネーブに、たまたま駐在していた外交官が選ばれる、といったこともよくあるが、徐々にパネリストには高度な専門的知見が要求されつつある。それは良いことである。単なる外交的妥協のみでWTO紛争処理がなされては、たまらないからである。

ようやく一九八一年に至り、GATTに法務担当部門が設置された。そんなものは初めからあって然るべきだが、何しろGATTは、既述の如く片肺飛行を続けて来た。けれども、GATT的プラグマティズムという、法律的・制度的側面をあいまいに処理する傾向は、段々に変わって来ている。とくに前記の法務部門が設けられてから、そこの職員が様々な形でパネリストを助けて来た。そのことによるGATTパネルの質の向上は目ざましかった。一九七〇年代の後半あたりから、パネルで処理される紛争、つまりはGATT二三条の紛争処理手続に持ち込まれる件数も急増して来ていた。

◆全体監視システムとしての従来のGATTの紛争処理手続

さて、従来のGATTオンリーの時代のことから述べてゆこう。パネルが設置され、審理を経てレポートが出される。ある国の貿易上の措置がGATT違反、つまりクロとされる。だが、従来のGATTでは、それがGATT全締約国(締約国団)の決定になるには、全締約国のコンセンサスが必要であった。一国でも反対(ブロック)すれば、パネル報告は宙に浮く。そうした場合も、たしかに若干はあった。クロのパネル裁定を受けた国が、自らブロックするのである。

ウルグアイ・ラウンドでは、それはやはり問題だということで、「コンセンサス・マイナス２」という方式も考えられていた。紛争当事国たる二国を除いて、他の全締約国についてコンセンサスがあれば、パネル報告が全体の意思決定になる、ということである。それからあとの事態の展開は、後述する。

ともかく、コンセンサス方式によるハードルはあるが、全体の意思決定がパネル報告を支持する形で得られれば、ＧＡＴＴ紛争処理手続は次の段階に入る。相手国がクロとされたことにより、提訴して勝った側の国が、前者の国でとられた貿易上の措置によって被った損害額をまず算定する。そして、その額をカバーするための措置を、例えばクロの裁定を受けた国からの輸入についての関税を上げる、等の形でとる旨の案を作成する。だが、それについても、その措置をとってよいか否かにつき、やはり全締約国（締約国団）としてのコンセンサスが、必要とされるのである（これを報復と呼ぶことに、私は強い抵抗を感じている。報復と仮りに言うとしても、それが全締約国によって「管理された報復」であることに、注意すべきであるし、正確には補償的調整と呼ぶべきものである）。もとよりそこでも、クロ裁定をパネルで受けた国によるブロックの可能性がある。

この最終的段階まで発展したのは、一九五〇年代のアメリカ・オランダ間の紛争が、たった一例あったのみである（オランダがＧＡＴＴ提訴をして勝った）。多くのケースでは、パネル裁定につき全体意思決定がなされた段階で、クロ裁定を受けた国が問題の貿易上の措置をとることをやめ、そこで紛争は終結することになる。

◆ウルグアイ・ラウンドにおけるWTO紛争処理手続の改善？

多くの人々は、ウルグアイ・ラウンドにより、WTOの紛争処理手続が、従来のGATTのそれに比して大きく改善された、と言う。私はそうは思わない。むしろ、逆であると考えている（石黒・通商摩擦と日本の進路二五四頁以下）。

前記の「コンセンサス・マイナス2」方式の提案はいつの間にか消え、最終的には、「ネガティブ・コンセンサス」方式が採用された。実にトリッキーな表現である。要は、一国でもパネル裁定（報告）を支持すれば、それが全体意思決定となる、ということである。パネル裁定が全会一致で否決されない限り、つまり、ネガティブな方向でのコンセンサスのない限り、それが支持される、ということである。そして、その後の提訴国（相手国に対するクロ裁定を得て勝った国）の側の既述の措置についても、それが認められる否かにつき、やはりネガティブ・コンセンサス方式がとられている。

他方で、ともすれば遅延しがちだった紛争処理手続が迅速化される、等の改善はたしかにあったが、このネガティブ・コンセンサス方式は、「全体監視システムの崩壊」を意味する点で、重大な改悪である、と私は考え、主張して来ている。

◆クロス・セクトラル・リタリエーション？

もう一つの問題は、やはり一九九三年末のウルグアイ・ラウンド最終合意文書で認められていた「クロス・セクトラル・リタリエーション」にある。既述の如く、「報復（リタリエーション）」という、アメリカの通商法三〇一条的な言葉はなるべく使いたくないのだが、まあよい。要するに、米（こめ）

問題で日本がクロとされれば、金融サービスでも半導体でも、全く違う分野での「報復」が認められているのである。しかも、既述のネガティブ・コンセンサス方式が基本ゆえ、アメリカがやると言えば、実質上自動的にこれが全体の意思決定になってしまう。一〇〇億ドルの損害があるとすれば、総額においてそれに匹敵する貿易分野を、勝手に（まさに買物ゲームのように）選べるのである。

この場面での「全体監視システムの崩壊」は、極めて深刻である。「クロス・セクトラル・リタリエーション」は、まさにアメリカの通商法三〇一条による一方的報復の仕方そのものである。一九八五―八七年の第一次日米半導体摩擦（後述）の際に、例えば電動工具といった殆ど関係ないはずの物のアメリカへの輸出について、高い報復関税がかけられた。日本の半導体に問題があるなら、それ自体に報復関税をかければよいが、そうすると日本からの半導体の輸入にかなりを依存しているアメリカのメーカー等が困ってしまう。日本製半導体が高くて買いにくくなるが、他方、非日本製のものだけでは足りず、結局、アメリカでの半導体全体の価額が上昇してしまう。それは自分で自分の首を絞めるようなものだから、別な物を（アメリカの業界の意見を聴きつつ？）報復の対象としたのである。

かかる「たすき掛け式の報復」は、それ自体がアンフェアと言える。物の貿易に関する従来のGATTで、「物（産品）」であれば何でも同じだから、総額で算盤勘定をあわせればよい、といった程度のことしか言われなかったことに、そもそもの問題がある。

実際にも、アメリカ・EC間で、とくにアメリカからドイツへの鶏肉の輸出につきEC側が一定の措置をとり、アメリカがそれを争ったケースがある。正規のGATT二三条手続とはかなりニュアンスが異なるが、ともかくそれらしきもの（ある種の仲裁である）を経て、アメリカがトラックの関税をグンと上げたりした（「チキン戦争」事件）。しかも、他の諸国が別段文句を言わなかったため、アメリカは他の諸国（日本を含む）との関係を含め、トラック（商用車。乗用車と対比される）輸入についての高関税を維持して来ている。そこにさらに、いわゆるワゴン車を関税分類上トラックの方に寄せて考えるなどして、日本からアメリカへのワゴン車輸出を押さえよう、とされたりもしている。

「物」・「サービス」・「知的財産権」の貿易をすべて統括するWTOが設置され、その下に紛争処理システムも統合する、という美しい発想は、「クロス・セクトラル・リタリエーション」を認知させるための策略、としての面をも有するように、私には思われてならないのである（なお、WTO紛争処理における〝審査基準〔スタンダード・オブ・レビュー〕〟問題については、石黒・貿易と関税一九九七年一月号六四頁以下、採択されたWTOパネル報告の当事国に対する〝国内〟的拘束力の問題については、同・グローバル経済と法四五七頁以下、いわゆる非違反申立の問題については、同・世界情報通信基盤の構築二二二頁以下）。

◆WTO紛争処理手続の「三〇一条」化？

ウルグアイ・ラウンド全体を通して、諸国はアメリカの通商法三〇一条（スーパー三〇一条なるものに、とくに経済学者は注目したがるが、基本はすべて同じである）の一方的な（GATT紛争処理手続を経ないでなされるという意味でも一方的、と言うのである）報復措置に、強く反対して来た。だが、それを嫌う一方で、アメリカがGATTを脱退する、あるいはウルグアイ・ラウンドで出来た諸協定をアメリカが批准しない、といったことが万が一にでもあれば、元も子もなくなる、といった弱味があった。

結果として、一方的報復措置の禁止という「名」を取って、「全体監視システム」の維持という「実」を捨てたのである。名を捨てて実を取ったのではない。その逆である、というのが私の評価である。つくづく妙で、そして残念な展開である。

こうなると、パネリストに誰がなるのかが、決定的となる。一九九二年度から出されて来ている産業構造審議会の「不公正貿易報告書」は、一九九四年度版に至り、かかる私の懸念を、若干にせよ反映する方向に、転換している（二〇〇二年度版の同報告書は、従来の構成を大きく変更したが、その基本観〔石黒・グローバル経済と法四五二頁以下〕は不変である）。

◈身勝手なアメリカの主張

ところで、ウルグアイ・ラウンド終盤でアメリカが行なった主張は、誠に身勝手なものであった。アメリカは、従来のＧＡＴＴの紛争処理手続を一層効率化し、かつ、一層通常の裁判に近い（リーガリスティックな）ものとし、そのことによってより強い牙をＷＴＯ紛争処理手続に持たせようとした。サービス貿易や知的財産権の問題を、まとめてＧＡＴＴ（ＷＴＯ）に放り込もうとしたのも、そのためである。

ところが、急にアメリカは、とくにアンチ・ダンピング措置に関する紛争で、ＷＴＯのパネルは、そうした措置をとる国の側の事情を十分考慮し、あまり法的にビシビシと詰めるな、といった訳の分らない主張をし始めた。要するに、ネガティブ・コンセンサス方式やクロス・セクトラル・リタリエーションも認めさせて、やれやれこれでＷＴＯに訴え易くなった、と一息ついた途端に、逆に自分が訴えられたらどうなるか、との点に気づいたのであろう（一応そう言っておくが、最初から予定された行動だったのかも知れない！）。しかも、当面はアンチ・ダンピング措置の場合（それについてアメリカがGATT提訴をされるケースが、実際にも少なくない）に限ってこの主張をするが、それ以外も同じだ、といった含みを持たせ、その趣旨の閣僚決定までさせている（アンチ・ダンピング〔AD〕協定一七条六項をめぐる問題である。石黒・通商摩擦と日本の進路二五四頁以下）。

かくて、一見スマートな改革の成果のようにも見えるWTOの紛争処理手続は、実は倒壊間近の木造家屋のように、私には思えて来るのである。その上に、重さ数百トンの鉄の屋根たるWTOという組織体を、ドンと乗せたことになる。この状況を一体どうしたらよいのか。一九九二年末、私は思い悩んでダンケル氏（ドンケルとも言う）の前のGATT事務局長をしていたロング氏宅を、ジュネーブで訪れた。彼は言った。「GATTには知恵がある。それがなかったら、とっくの昔にGATTなどなくなっていただろう。大丈夫なはずだ」と。法務担当部門をGATT事務局に作った彼は、他方で、GATT的プラグマティズムを重視していた。これからはそのプラグマティズムを、事態好転のため、ポジティブな面で活用せねばならないのか。私はそう思った。だが、誰がリーダーシップをとれるのか、とも思った。レマン湖を見つめながら、「やはり日本しかないじゃないか！」と私はつぶやいた。

◈サービス貿易自由化の理念は？

次に、物の貿易についてのGATTと並ぶGATS（サービス貿易一般協定）について一言する。GATSには、いくつかのサービス貿易分野につき、個別の付属協定（アネックス）がついている。ともかく、それがウルグアイ・ラウンドで作られた。

サービス貿易の自由化とは何なのか。そもそも伝統的な経済理論では、財(物)の貿易は素直に議論できるが、サービスの貿易ということが若干議論しにくい状況にあったようである。また、ウルグアイ・ラウンドの前半以来、サービス貿易の定義や統計のとり方をめぐって烈しい争いがあったが、すべて中途半端に終わり、まず協定を作るのが先だ、とされた。妙な理屈である。

そうして出来たサービス貿易協定は、直観的には、いわゆる規制緩和論の国際版(!)としての色彩を有する。サービス産業(金融・通信・運輸・建設・教育・観光、等々)には、各国とも、様々な政府規制がある。それがバリア(貿易障壁)になっているとの認識の下に、サービス貿易の自由化を進めるのだ、とされた。

だが、何がサービス貿易自由化についての理想状態であるかが、終始あいまいなまま交渉が進み、協定がともかくも作られた。信じ難いことだが、とくにアメリカとEC(EU)は、この点の詰めを、あえてせず、いわば逃げ回りつつ、ともかく協定を作ろう、とのスタンスだったのである。

物の貿易の場合、つまりGATTの場合には、合法的な貿易障壁たる関税の率を下げ、それをゼロにすることが、当初からの理想状態として設定されていた。そして、確実に各国の平均関税率は下がって行った。だが、異物としてのGATT六条があり、そこで各国が既述の如き意味で勝手に賦課するアンチ・ダンピング税等が、一般の関税率の低下を、いわば相殺する形になっている。私は、各国がかけているアンチ・ダンピング税等をも含めた上で、実質的な各国の平均関税率を示すべきだと、前から主張している。そうしないと、物の貿易についても、実際の姿が掴めないはずだからである。

ともかく、物の貿易（GATT）からの類推でGATSを作ろう、ということに何となくなった。そうなると、GATTにおける関税に匹敵するものは、直感的には各国の政府規制だ、ということになる。そのレベルを下げ、ゼロにすることが理想状態だ、となる。言ってみれば、平岩レポート的な規制緩和論の主張に近い。だが、どこかおかしくないか。

◆金融サービスについての「規制ゼロ」の状態？

金融の規制緩和は、もはや世界のトレンドとなってしまっている。市場原理・競争原理に極力すべてを委ね、「小さな政府」論を徹底するという、レーガン政権時代のアメリカの政策が、ウルグアイ・ラウンドのサービス貿易交渉に色濃い影を落としていたように、私には思われる。

だが、金融の場合、同じく世界のトレンドは、新たな規制の導入ラッシュとも言える状況にある。即ち、金融機関の側で十分な情報開示（ディスクロージャー）を行なわせたり、自己資本が乏しいのに巨額の取引にタッチすることをやめさせ（自己資本比率規制）、さらに、BCCI事件のような国際的な銀行の倒産、あるいは麻薬取引等の問題ある取引をせぬよう、種々の監視システムを導入する（右の最後のものがマネー・ローンダリング規制である）、等である。さらに証券取引については、内部者取引（インサイダー・トレーディング）規制も、どんどん強化される傾向にある。

日本国内の規制緩和論と同じことで、いわゆるサービス貿易自由化論は、物事の一面しか見ていないで進められて来た面がある。かかる事態の両面を見据えれば、世界の金融サービスをめぐる規制の状況は、規制の重点がシフトし、従前からの規制が新たな規制に移ったのみであり、規制は規制として、やはり残っている、ということになる。

しかも、この新たな規制の少なからぬ部分は、「不公正」な金融取引の防止ないし是正を旗印とし、かつ、一度入れた規制に実効性がないと、さらにそれを強化し、また強化し、といった急速な肥大化傾向にある。現象として、「公正・不公正」と言い出すと、野放図かつ疑心暗鬼的に、どんどん規制が強化される。規制緩和を叫ぶ人々の目は、なかなかそこに向けられないのである（そしてその先に、そもそも近代経済学、とくに主流たる新古典派経済学の側に、そもそも「公正」を論ずる術が一体あるのか、という根源的な問題がある。石黒・法と経済三八頁以下、一二九頁以下。本書第三部でこの点を扱う）。

いずれにしても、金融につき規制ゼロの状態を考えると、BCCIのような妙な銀行であっても一切規制なし、といったことになる。一般投資家の保護や健全な金融市場の維持などどこかに吹き飛んでしまう、文字通りの「無政府」状態である。そんなことはあり得ない。だったら、サービス貿易の自由化とは、一体何なのか。

◈GATTからの類推とGATS、そしてマーケット・アクセス

そこを十分突き詰めることなく、ともかくGATTからの類推でサービス貿易一般協定（GATS）をドラフトしてみよう、ということになった。GATTの基本は、最恵国待遇（MFN）と内国民待遇（NT）にある。無差別原則であり、機会平等主義である（既述）。そこで、GATSにもそれを入れよう、ということになる。

だが、それだけではアメリカ（やEC〔EU〕）の本当の狙いは、達成されない。なぜかと言えば、情

報通信（テレコム）分野が典型だが、当時、各国が単一の事業体のみに個別サービス分野を独占させている場合は少なくなかった。その場合、内国民でもその分野に参入できないのだから、外国からも参入できない。つまり、そうした場合、内国民待遇を越えたあるものが、必要となる。ともかく外国から参入させろ、と言うためにはそれしかない。

そのような発想と、相手国を不公正貿易国だとして攻撃しつつ、例えば日本企業がＥＣ（ＥＵ）域内で二〇％の市場シェアを有しているならば、日本市場でもＥＣ（ＥＵ）企業に二〇％のシェアが与えられるべきだ（それを認めない限り、報復として自分の側の市場から日本を締め出すぞ）、といった結果主義（成果重視の貿易政策）的主張とが、ドッキングすることになる。これは、ある種の相互主義（レシプロシティ）の主張だが、従来のＧＡＴＴの場での、相互に譲りあいながら関税を下げてゆく際の相互主義とは違う。いわば「攻撃的レシプロシティ」であり、アメリカの通商法三〇一条の基本にも、それがある。

そうして生まれたのが、「マーケット・アクセス（ＭＡ）」という言葉であった、と私は考えている。一九八五年頃までは、この言葉はまだ開発されていなかった。まさしくウルグアイ・ラウンドと同時進行的に、前記の如き主張のダーティーな面をつつみ隠す一見綺麗なプラカードとして、「マーケット・アクセス」という「言葉」が開発されたのである。

◆日本の若手官僚のジュネーブでの努力と「マーケット・アクセス」概念

こうした暗い流れの中で、サービス貿易交渉の眼目は、結局は内国民待遇を越えるマーケット・アクセスなる言葉を、いかに抑え込むかに置かれた。放置すれば、「マーケット・アクセス」という言葉を通して、従来のGATTの機会平等主義の対極にある、結果平等という名の強国のゴリ押しが正式に認知されかねなかったからである。

そこに、白馬の騎士的な日本の三人の、当時の若手官僚が登場する（石黒・貿易と関税一九九二年一二月号一〇四頁以下、同・通商摩擦と日本の進路二五九頁以下）。彼等は次のように考えた。GATTからの類推でGATSを作ると言うのだが、何か欠けているものがある。「輸出入数量制限の一般的禁止」というGATTの大原則が、まだGATSに移しかえられていない。従って、「マーケット・アクセス」とそれをダブらせたらどうか。幸いにも、この「マーケット・アクセス（MA）」条項のドラフトは、日本が担当することになった。そこで、彼等は前記の方針を貫き、この新しく、実は一度も学問的に定義されたことの無い概念（言葉）を、客観化し、骨抜きにすることに成功したのである。

自国民より外国の者を有利に扱うということは、要するに内外逆差別である。それが昨今の不公正貿易論と結果主義（成果重視の貿易政策）との、ゆきつくところなのである。そして実際にも、ウルグアイ・ラウンドの終了時点まで、その法的位置づけのあいまいだったある文書の中で、その点が如実に示されている。「金融サービスの自由化約束（コミットメント）に関する了解事項」という文書（金融了解）である。

◈マーケット・アクセス概念と内外逆差別

この「金融了解」という文書は、もともとアメリカの攻撃的主張をGATSの下で（とくに金融アネックスと呼ばれるGATSの附属文書により）抑え込んでしまったため、アメリカ（USTR？）が妙にすねてしまっては困る、ということで作られたもののようである。つまり、それは、アメリカの言いたいことをかわりに書いておこう、といった趣旨でつくられた(その提案者に日本が加わっていたというのは、つくづく理解困難な展開である。前記の白馬の騎士達とは別な人々の判断ではあろうが)。ウルグアイ・ラウンド最終合意文書においては、諸協定とは別の閣僚宣言等の、更にその後の部分で、この「了解事項」が示されている（以下に示すその問題性については、石黒・通商摩擦と日本の進路二五九―二六九頁)。

そこでは、驚くべきことに、「マーケット・アクセス」に関する条項の中で、次のように書かれている。即ち、ある国の内外無差別の措置についても、外国からのサービス（やその提供をする事業者）をむしろ優遇し、内国のサービス（事業者）への逆差別が「不公正」と言えるギリギリのところまではその線で市場開放をせよ、とあるのである。

ここでは、言葉の本来の意味（極めて強いニュアンス）で、「アンフェア」という語が用いられているのであろう。一体このような考え方が、機会平等主義に立脚するこれまでのGATT体制、そして現在のWTO体制の下で、どうして認知され得ると言うのか。また、例えば日本政府が、日本企業たる新規参入事業者に「しばし待て」と言い、外国からの新規参入事業者を優遇する措置を日本でとった場合、憲法上の平等原則から、この点はどう評価され得るのか。だが、さらに驚くべきことに、日本の外務省サイドは、当時、この「了解事項」の線で日本は金融サービスを自由化する、と実に誇らしげに語っていた（この「了解事項」は、自由化への一つのオプションとして呈示されたものであり、その採否は、各国にとって本来自由だったのである)。これは日本が提案者の一人だったのだから、ともされるが、一体何を考えているのだろうか。私には理解できない(この内外逆差別型の金融了解をモデルとして、分野横断的にその考え方を他の産業にも広げてゆくべきだ、と主張したのは、一九九九年二月当時の旧通産省である。WTO次期ラウンドに向けた日本の政策として、である。信じ難いこの方針――私自身、全力で突き崩そうとして来たそれ――については、石黒・グローバル経済と法四四三頁以下。本書第三部でもこの点に言及する)。

◈ **TRIPS協定と知的財産権の適切な保護レベル**

サービス貿易と並ぶウルグアイ・ラウンドでの新分野として、知的財産権の貿易的側面(TRIPS)の問題がある。サービス貿易と同様、アメリカが力点を置いた分野である。

TRIPS協定で各国における知的財産権保護のレベルを高くさせ、強力な特許権や著作権を世界的にも多数有するアメリカ企業への富の集中により、アメリカ経済を活性化させよう、という戦略である。

だが、知的財産権を独占的権利として考えることは、実は経済理論では説明できない(石黒・法と経済一八一頁以下)。むしろ歴史的経緯の中で、それが独占権と結びつき、古くからの多国間条約(パリ条約やベルヌ条約等)の枠組の中で、それが維持されて来たにとどまる。GATTウルグアイ・ラウンドが一層の自由貿易を目指したものならば、知的財産権による私的な独占権の鉄条網を世界中に張りめぐらせ、違反(勝手な使用)に対する牙を強化せよ、と言うのみで十分かが、すぐに問題となるはずである（ゆき過ぎた知的財産権保護は、国際的に自由な技術や情報の流通を阻害する、貿易上の障壁となるのである）。ところが、そうはならなかった。

同じく新分野たるサービス貿易については、その背景にある規制緩和論を、ある程度にせよ経済理論が支えていた（少なくとも、その外装は整えていた）。だが、知的財産権については、その点に頰被りをし、むしろ、知的財産権を保護しない国はアンフェアだといった、不公正貿易論の文脈で、一方的な保護強化が意図された。

問題は日本政府のスタンスにあった。はっきり言えば、知的財産権の保護強化のみを叫ぶアメリカやEC（EU）の主張に、あまりにも安易に日本政府は、相乗りしてしまったのである。そして、知的財産権問題を、先進諸国対途上国の、いわば南北問題の構図でとらえてしまったのである。つまり、途上国側は、先進諸国の発明や技術をただで使っているという、いわゆる只乗り（フリーライド）論に、日本も組み込まれてしまっていたのである。そのためもあり、TRIPS協定は、適切な知的財産権の保護レベルはどこに設定すればよいのかという、最も問題の核心をなすはずのバランス感覚の、欠如したものになっている、というのが私の見方である。

◈国際的市場分割と並行輸入

肝心な問題をTRIPS協定が回避し、正面から取扱っていない例として、ここでは並行輸入（パラレル・インポート）の問題について一言する（石黒・法と経済一九二頁以下、同・国際知的財産権一〇〇頁以下、一〇九頁以下、一五八頁以下）。

既述の如く、知的財産権は国ごとにバラバラな権利である。複数の国で商標権や特許権を同じ者が持っていたとする。独占権であるから、人が勝手に使えばそれを差止めたり、損害賠償請求をしたり出来る。これをうまく使うと、国際的な市場分割が出来る。日本のように極端にブランド志向の強い国では、有名なブランドを、商標権として自己のものにしておれば、いくらでも高く売れる。他国では五万円程度でしか売れなくとも、日本では一〇万円で売れるようなことになる。

だが、五万円でしか売れない国で大量にそのブランド品（偽物ではない、という意味で真正商品と言う）を買い、日本に輸入する者が出て来たら、どうなるか。運賃等々が一万円かかっても、六万円プラス自分の利益で、一〇万円よりは随分と安く売れる。すると、日本の消費者は、同じ品質なら安い方を買う、という方向にシフトするであろう。これが「並行輸入」である。ウィスキー等がその例であり、商標権（パーカー万年筆の「パーカー」等）については、むしろ並行輸入を止めようとする、日本の商標権者の側の行為が、独禁法違反等々の観点から、大きく制限されている。並行輸入をどんどん認め、国内市場での競争を活発化させ、反面において、独占権を楯とした国際的な市場分割（各国市場をそれぞれ区切り、その間の貿易を遮断し、そのそれぞれにおいて独占のメリットを最大限に受けようとすること）は許さない、ということである。最近は、特許権や著作権についても同様に考えるべきだとされつつあり、私もそれに賛成している。

ところが、これだけ貿易の発展にとって重要な並行輸入問題について、ＴＲＩＰＳ協定は殆ど全く沈黙しているのである。むしろ、並行輸入品も、輸入国で正規の知的財産権を有する者が認めた物ではないから、海賊版レコード等と同じ不正商品だ、といったニュアンスさえ、感じとれるのである。

実におかしなことのはずである。

◆次期ラウンドに向けて

以上、本章では、ウルグアイ・ラウンドの結果を含めて、従来のGATT体制、そして今後のWTO体制について、その基本枠組と問題点を示して来た。体系的にすべてを語り尽くすためには、別な機会が必要である。それは初めから分っていたことであり、本章ではむしろ、問題点・疑問点の析出の方を重視した。

「ウルグアイ・ラウンドが終結しました。よかったですね……」といったテレビの女性ニュース・キャスターS氏のニコニコ顔は、今でも忘れられない。何も分かっていない。GATT(WTO)は、まさに闘争の場である。また、烈しい闘争を止揚(アウフヘーベン)した真の協調の場たるべきなのである。だから一層、GATT体制以来の基本たる「機会平等主義」を再認識し、ルールと論理とを重んじた交渉に徹してゆく必要があるのである。

ウルグアイ・ラウンドは、ともかくも全貿易分野をほぼカバーするものとなった。一九八六年から数年間の交渉の成果ではある。だが、問題点があまりに多い。二〇〇二年から本格開始となった次期ラウンドでは、競争・投資・環境・電子商取引、等の新たな問題も扱われる。だが、物・サービス・知的財産権、そして紛争処理手続についても、もっと基本政策や個々の規定を明確にし、バランスのとれたものにしてゆかねばならない。

さらに、すべてを貿易の論理のみで割り切る、といった姿勢も問題である。あまりにも多くの問題をGATT（WTO）が呑み込んでしまうことを、かつて私は「GATTのブラック・ホール化」と呼び、注意を喚起した。それは「貿易がすべてなのか」という、私なりの内なる叫び（後述）によるものであった。

それでは、こうした従来のGATT、そして現在のWTO体制の下で、日本は一体何をして来ていたのか。それが次章のテーマとなる。

第二章　不公正貿易論と日本

◆GATT的プラグマティズムと日本

日米間を中心とする通商摩擦（それは繊維から始まる）の中で、いわば第一期の日本側の対応は、第一部第二章で論じた日米企業間紛争における日本企業側の、やはり第一期における対応と、同様のものであった。日本からの輸出で摩擦が起きると、「何とかしろ」という外国からの要請で、いわゆる輸出自主規制をして対応した。GATTとの関係では、典型的な「灰色措置」である。繊維・自動車・鉄鋼・カラーTV等々について、それが繰り返された。

その意味では、GATT的プラグマティズム、つまり「灰色措置」をプラグマティックに半ば容認するという、のらりくらりとしたGATTの従来の対応は、日本にとって極めて居心地のよいものであった。法律問題を、つまりは論理と物事の筋道を、とことん突き詰めない漠然たる日本社会の風潮に、GATT的プラグマティズムはマッチするものであった。そうした対応こそがGATTの美徳であるとさえ言われた。それが、政府レベルでの日本の通商摩擦への対応が第二期に移行する時期を、徒に遅らせた面は否めない。

◈マルチ・リーガル・ハラスメント

だが、日本企業は、日本政府のそうした対応とは別に、輸出先の国々で、様々な法的措置により、行く手を阻まれていた。まさに、あの手この手で輸出を阻まれたのである。

例えば、日米税金摩擦との関係で一言したトランスファー・プライシング（移転価格ないし価格操作）の規制が、アメリカの税務当局によってかけられたとする。日本の親会社からの輸出価格を不当に高く設定し、買い手たる日本企業の在米子会社の所得を不当に低くした、とされる。そこで、日本の親会社からの輸出価格を下げることになるが、下げ過ぎたとして、今度はアメリカでアンチ・ダンピング規制がかけられる、といった展開である。他方、知的財産権の侵害だとして、悪名高いアメリカの関税法三三七条で、不利な争いを強いられる（同条については、既にＧＡＴＴパネルでクロの裁定が下されていた）、等々といったことが次々と、あるいは同時に起きて来る。それらを称して、マルチ・リーガル・ハラスメントという言葉が用いられるようになって来た。

戦略的国際訴訟観に転じた日本企業は、例えばアメリカの裁判所で同国の種々の措置の違法性を争う、等の手段に出たが、なかなか日本政府は動かない。日本は、むしろ他国からのＧＡＴＴ提訴を受ける側の立場に、専念するかの如くだったのである。そうした時期が随分と続いた。

◈日米半導体摩擦とピエロの涙

そうした中で、一九八五年に日米半導体摩擦（第一次のそれ）が表面化した。その前年には、かのアメリカ通商法三〇一条についての重要な改正がなされていた。アメリカは同条を振りかざし、日本側はいわゆる日米半導体協定を結んだ。

だが、そのあたりから、アメリカの関心が、日本からの輸出を抑えるばかりでなく、日本市場の対外的開放に、強く向けられるようになっていた。分野別の日本の市場開放に向けた、いわゆる日米MOSS協議も、一九八五年に開始されていた。

日米半導体協定（第一次のもの――一九八六年締結）については、日本市場での外国製半導体の市場シェアを二〇％とする旨のサイド・レターがあるのではないか、と噂された。ともかく、アメリカは二〇％の市場シェアを日本が約束した、と主張していた。

他方、日本の半導体業界が猛烈な投資をして半導体製造上のコスト・ダウンを大幅に行なっていたことが、アメリカにとって脅威とされ、それが日米半導体摩擦のそもそもの原因となっていた。日米半導体協定に先立ち、アメリカではアンチ・ダンピング規制をせよ、との提訴もなされていた。そこで、この協定では、価格面での約束がなされると共に、第三国経由でアメリカに日本の安い半導体が入って来ること（それを規制したい側の国は、好んでこれを迂回輸出と言ったりする）も、日本として監視せよ、とされた。

ところが、日立・IBM事件における アメリカでの「おとり捜査」と類似する形で、日本の半導体メーカーが第三国経由でアメリカ企業に安い半導体を売っていたことが判明した、とアメリカ側がクレイムをつけた。ここでもマスコミが用いられた。

そうこうしているうちに、アメリカが、日米半導体協定違反だとして、一九八七年四月に通商法三〇一条による一方的報復措置を発動したのである。

他方、日米半導体協定自体（実際にはその一部）がGATT違反だとして、日本を相手にEC（現在のEU）がGATT提訴した。日本は、アメリカに対しては一方的報復措置の発動は不当だとして争う姿勢を一応見せつつ、他方GATTの場で、自らが渋々結ばされたはずの日米半導体協定の、正しさを主張した。そして、一九八八年にクロの裁定を受けた。EU側は別途日本の半導体メーカー各社と協定を結び、EC域内では安く売らせず、高目に価格を設定させる旨の約束をさせた。

私はこうした一連の事態の展開の中における日本の立場を、「ピエロの涙をもってたとえるには、事態はあまりにも深刻である」と評したのである（日米半導体協定は、その後第二次協定が結ばれ、その終了期限たる一九九六年七月末、激しい日米交渉がなされ、私も全面サポートした。そして、政府間では単なる声明文を出すのみとし、かつ、そこからもすべて市場アクセス〔MA〕の語を削除させることに成功した。石黒・日本経済再生への法的警鐘七一頁、同・世界情報通信基盤の構築二二三頁。後述の日米移動電話摩擦での苦い経験を踏まえた上での、快挙である）。

◈ECの部品ダンピング規制と日本のGATT提訴

日米半導体協定（第一次のそれ）を果たして締結すべきか否かについては、（政治家はともかく）日本の関係行政庁内部でも、相当議論があったようである。そして、おそらくそこでの苦い体験が、日本の方針転換へのバネとなったのであろう。かくて、日本がECを相手にGATT提訴をし、GATT二三条に基づき初めて自らパネル設置を求める、といった画期的な出来事が起きた。一九八八年一〇月のことである。

ECのアンチ・ダンピング規制が極めて悪名高いものであることは、既に示した。その延長線上で、ECは迂回（サーカムベンション）防止のためだとして、新たに部品ダンピング規制というものを導入していた。例えば日本からの製品輸出にアンチ・ダンピング税をかけていても、日本企業がEC域内に組立工場を作り、部品の形でEC域内向けに輸出し、現地でパッと組み立てて売りまくる（規制する側の国ではそれをスクリュー・ドライバーと呼ぶが、日本の経済学者がこうした言葉を好んで使うのは、よくよく規制の中身や問題の本質を検討してからにして欲しいものだ）。だからそれを規制する、と言うのである。

だが、実際の規制は極めて問題が多く、日本企業の現地（EC域内への）進出に際し、現地部品の購入等にいくら苦心していても、お構いなしに「迂回」だとして規制される。これでは海外への日本企業の直接的な進出（海外直接投資）を政策としてサポートしてきた日本の、基本政策とも衝突する。そこで日本は、GATT提訴をしたのである。そして一九九〇年三月に、ECの措置をクロとするGATTパネル裁定が出た。日本は、勝ったのである（本当は日本の争い方やパネルの方針にも、不満は残るのだが、それはまあよいとする）。

◆「不公正貿易報告書」の登場

実際に日本がGATT提訴しても、パネルがまともに扱ってくれるかどうか、やはり日本側は不安だったに違いない。だが、堂々と争い、勝ったのである。それがすぐ次のステップへのバネとなった。「不公正貿易報告書」の登場である。

旧通産省（現経済産業省）におかれた産業構造審議会から毎年出されるこの報告書は一九九二年度から刊行されて来ているが、実は、その前年、公正貿易センターというところから、その前身と言うべき報告書が出されていた。その基本的主張は、当初から一貫している。

昨今、公正・不公正をめぐっての不毛な論争が多く、その中でGATT（現在はWTO）の自由貿易主義が、危機に瀕している。自国に都合が悪くなると相手国が不公正だ、だから報復する、といった悪循環の連続である。それを断ち切ることが必要である。我々は公正・不公正の基準を、あえて国際的に合意された貿易関連のルールに求める。ルール志向型アプローチを貫くのである。現在のWTO諸協定、二国間の通商条約や一般国際法（慣習国際法）がそれらであり、それに従ったものが公正、そうでないものを不公正とすべきである。――この基本ポリシーの下に、日本の主要貿易相手国の通商上の措置を、それらのルールに照らして判断するのである。

この報告書には、初年度から「すべての者は罪人である」との言葉が入っていた。つまり、相手国を不公正だと叫ぶ国自身も、少なからず不公正なものを有している。日本もその例外ではない。お互いにそれを指摘しつつ、一歩一歩GATT（WTO）の理想に近づいてゆこう、との強いメッセージがそこにある。今後もこの言葉を削らぬようにと、毎年私は審議会で主張して来ていた（今はさしたる理由もなく消されてしまった言葉だが、それが入れられていた背景事情につき、石黒・通商摩擦と日本の進路一一四頁）。

◈不公正貿易報告書とアメリカ通商法三〇一条

こうした観点から、客観的なルール志向型で「公正・不公正」の問題を把握してゆこうとする際、最も問題となるのは、アメリカ通商法三〇一条である。相手国が不公正な貿易措置ないし慣行を維持しているということで、一方的に報復するための条項である。そこで、かかる条項をめぐる問題状況について一言する。

よく指摘されることだが、このアメリカ通商法三〇一条は、かつて私が「貿易十字軍的なアメリカの通商政策」と評した（石黒・〔研究展望〕ＧＡＴＴウルグアイ・ラウンド一五頁）ような、アメリカの基本的スタンスを示している。「世界の警察アメリカ」を自任してどんどん（過度に）自国法を域外適用するのと、同様のスタンスである。つまり、あたかも自らが裁判官と訴追者（検察官）を兼ねているが如く、自国の一方的な価値判断に基づき、報復がなされるのである。ＵＳＴＲ（アメリカ通商代表部）が、その適用の要となる。

「不公正貿易報告書」はこの一方的報復条項に対して、明確に反対の立場をとる。具体的な報復措置が発動されれば、多くの場合それがＷＴＯ（従来はＧＡＴＴ）紛争処理手続の流れを無視したものであるため、ＷＴＯ協定に対する違反となる。特定国だけを差別するのだから、最恵国待遇違反にもなるし、勝手に報復関税をかければ、交渉の結果として決まった関税率をフィックスさせるための条項にも反する、等のことである（ＷＴＯ体制下の紛争処理了解〔ＤＳＵ〕二三条により、ＷＴＯ紛争処理手続によらない一方的措置は禁止された。その後、アメリカはＷＴＯ紛争処理手続を多用する方針に転じた。だが、そこにはＷＴＯ紛争処理手続の「三〇一条化」といった、既述の如き屈折した事情のあることを、断じて忘れるべきではない。他方、ＷＴＯ非カバー領域における一方的措置の問題については、石黒・貿易と関税一九九六年一一月号三八頁以下）。

他方、私は別に二つのことを主張している。まず、通常の民事裁判と同様、報復措置発動をちらつかせ、アメリカが脅しをかけて来た段階で、既に紛争は熟しているものと見て、ＷＴＯ提訴することは可能と言うべきである。次に、問題があればＷＴＯの紛争処理手続を経てそれを処理してもらえるという、手続的な権利が別にあるはずで、通商法三〇一条に基づくアメリカの行動は、かかるＷＴＯ上各締約国に与えられた手続的権利をも侵害している。以上の二点である（なお、一九九五年夏決着の日米自動車摩擦との関係での、石黒・通商摩擦と日本の進路一〇七頁以下、二六九頁以下）。

◈通商法三〇一条と「正当化され得る反抗」論

アメリカのヒュデックという、従来のＧＡＴＴの法的側面の研究者が、「正当化され得る反抗」という視点から、通商法三〇一条（とくに一九八八年包括通商・競争力法によってさらに強化されたそれ）について論じた。それが日本でも注目されていたが、「不公正貿易報告書」もそれを批判していた。もとより正当だが、若干インパクトの弱い批判の仕方であった。

ヒュデックは、従来よりＧＡＴＴは、ある種の機能閉塞に陥っていた、とする。何かと対応が鈍いし、その他の点でも種々の問題があるから、ＧＡＴＴ違反ではあっても思い切った措置をとることによって初めて、事態は進展する。そのための道具としてヒュデックは三〇一条を位置づけ、「正当化され得る反抗」論を説くのである。

だが、若干誤解があるのだが、彼は終始三〇一条はGATT違反だと述べた上でこの点を説いていた。しかも、「正当化され得る反抗」論によって三〇一条を正当化するためには、アメリカが、他国に対して行なうのと同様に、自らに向けて三〇一条を適用することが必要である、としていた。結局アメリカは外国に対してのみ三〇一条を適用しているから、正当化できない、というのが彼の結論である。そもそも妙な議論なのである。私は、物分りの悪いアメリカ議会を何とか説得しようとして回りくどい芝居を演じ、演じているうちに自分自身とピエロの役とが入れ替わりつつある――そうした論文だ、と考えている（石黒・通商摩擦と日本の進路一二五頁以下）。

◈通商法三〇一条とゲームの理論

「不公正貿易報告書」は、アメリカ通商法三〇一条を「ゲームの理論」によって説明し、半ば正当化しようとする国際政治学や経済学上の議論をも、正当に批判して来た。アメリカが自由貿易主義を本当に定着させたいと思うなら、三〇一条的な報復を脅しとして行ない、かつ、報復を自らに義務づけることが必要だ、といったパラドキシカルな考え方である。

だが、この議論は所詮は「ゲームの理論」という極端にモデル化された世界の中での議論である。そこで出された結論が、直ちに現実の世界での出来事の評価と直結しないことは、良識ある論者なら、誰でも認めているはずである。だが、そうしたある種の虚構の世界の中での分析であることを、一層端的に示す必要がある（石黒・法と経済一一七頁以下）。

既述の如く、こうした議論の現実の世界との安易な接合については、いわば議論の入口と出口をしっかりと見張る必要がある。ゲームの理論においては、「利得（ペイオフ）」なるものを最大にすべく、基本的には日米のような対立する当事者間のゲームが想定される。ところが、その「利得」とは何なのかが、実はよく分からない。交渉担当者（USTRや通産省等）の心理的満足度に近いものが設定されるかと思えば、それは経済的な厚生（ウェルフェア）と同じとも言える、などとされる。

しかも、初期条件として設定される各当事者の利得の数値化が、何の根拠もなく、むしろアメリカ側の論理に有利になるようになされているのではないか、とさえ思われる。こうした私の考え方、感じ方は、ゲームの理論の専門家からは筋違いだとされるのであろうが（但し、石黒・法と経済一二三頁以下を見よ）、私はそうしたゲームの世界に入るつもりがそもそもない。ただ、ゲームと現実とを明確に区別し、妙なスピルオーバーが起きないように、十分配慮して頂きたいと願うのみである。そうでないと、通商法三〇一条の正しさは、既に経済学や国際政治学によって、学問的にも証拠立てられている、といった一般の誤解を招くことになるのである。

◆日本の不公正さを証拠立てるための二つの手段？

一方的報復措置は「報復」であるからして、論理的前提として相手国が不公正でなければならない。だからアメリカは日本を不公正だと言うのだ。――この信じられない指摘は、問題の本質をよくとらえている。このアメリカ側からの指摘は、日米構造協議が大いに注目されている頃、ある会議（基本的に日米の研究者を中心とする）でアメリカ側報告者（USTRでの通商法三〇一条のかつての起草担当者の一人）が提出していたペーパーの中でなされていた。私のその会議での発言内容を含め、『ボーダーレス社会への法的警鐘』という、一九九一年に出した本の第一〇章に、詳細を示しておいた。嘘だと思ったら見て頂きたい。

日米構造協議の頃、盛んにアメリカ側から「日本異質論」が説かれた。日本には競争原理など妥当していない。日本には西欧の論理は通用しない。だから日本を封じ込めろ、などとされた。その際、しきりに「逸話風の理由づけ（アネクドータル・リーズニング）」が用いられた（この言葉を用いて私と対米共同戦線を組んで下さったのは、小宮隆太郎教授である。なお、石黒・法と経済一四二頁以下と対比せよ）。今日は雨だった。だから日本はいつも雨である、といった類の、ジャーナリスト的な詰まらぬ御話が、アメリカのみならず日本でも、「なるほどと思える部分もある」として珍重された。単なる印象論に対しては同じレベルで答えるのみとする、との私のポリシーに従って言えば、よく日本を見ているようで各場面が少しずつ違い、それらをつなげた結果、極めて歪んだ日本像が出来上がる、といった類のことである。ある種の抽象画（但し、全然美しくはない）のようなものである。

日本はこの点、外国からの批判には、とくに西欧からのそれに対しては、おそらくはコンプレックスの裏返しとして、極めて寛容である。極端な比喩を用いれば、理由なく自分を突き刺す他人の槍の先端を見て美しいと感じ、感動して死ぬ（但し、死ぬとき「何で俺を刺すんだ、痛いじゃないか」と言って死ぬ）類のことである。

この漠然たる日本異質論では落ち着きが悪いので、そこで日本の不公正さを証拠立てるべく、とくにアメリカによって多く用いられるのが、ともかく日本側に何らかの約束をさせる、少なくともそうであるかの如き外形を整える、といった戦略である。

ＷＴＯ（従来のＧＡＴＴ）に対する違反であろうと何であろうと知ったことではない。約束は約束である。約束を破った者は不公正である。だから報復する、という論理である。そうであるから、日本側が通商摩擦の関係でアメリカ側に出す文書の内容的チェックが重要となる。妙な文言を入れたら、そこから次の日米摩擦が始まるのだ、という経験則の確立が、是非とも必要になる（一九九六年夏決着の第二次日米半導体摩擦において、まさにこの点を、日本側が前提として戦い、そして勝利したことは、既述の通り）。

◈日米移動電話摩擦（一九八五—一九九四年）

具体例を示そう。自動車電話等の、いわゆる移動電話（移動体通信）についての日米摩擦の場合である（詳細は石黒・通商摩擦と日本の進路一二一頁以下）。一九八五年に日本の通信制度の改革があり、ＮＴＴと新規参入事業者との競争が開始された。同年、分野別の日本市場の自由化と対外的開放をめざす、いわゆる日米ＭＯＳＳ協議が開始された。翌年一月のＭＯＳＳ協議に関する日米共同報告では、移動電話の技術基準（標準）等を自由化の趣旨に照らして行なうことが合意された。

一九八六年には、まさにこの技術基準（但し、アナログのそれ、であることに注意）の設定が問題となり、アメリカ側が圧力をかけ日本にＮＴＴ方式（通信方式）のみならず、アメリカのモトローラ社の方式（北米方式）をも採用させた。ちなみに、イギリスは別としてドイツ等のヨーロッパ大陸諸国では、このアメリカ方式とは別の方式が採用されており、それに対してアメリカが圧力をかけた、といったことはなかった。この小さな国で二つの技術基準を認めることは、諸外国にも例のないことであった。

二つの技術基準の間に技術的な整合性がないため、異なる方式の移動電話の間では、通信が出来ないことになった（今で言えば、ローミングという技術で処理される問題である）。

京セラ系の新規参入事業者はモトローラ方式を、NTTサイドは自社の方式を採用した。だが、関東・名古屋エリアを担当するIDOという会社（トヨタ自動車を親会社とする新規参入事業者――その後KDDと共にDDIに吸収され、KDDI㈱DDI）に、後に更に㈱KDDIへの社名変更がなされた。旧KDDが、法的義務もないのに、それこそ全世界向けに、公益事業の何たるかを知らしめていたのに、一体この展開は何たることか、との私の再三の主張を受けての、形だけの再度の社名変更、とも言えよう）はNTT方式を採用した（ちなみに、KDDIは、NTTドコモが欧州の事業者達等をリードして国際標準化に成功した第三世代携帯電話〔いわゆるIMT-二〇〇〇〕につき、あえて北米方式の採用を決定するに至った。石黒・貿易と関税二〇〇二年七月号以降の連載論文参照）。

次の摩擦は一九八九年に起きた。日本はアメリカにならって一地域二事業者制をとっていた。従って、関東・名古屋エリアでは、二社ともNTT方式のため、モトローラ方式の移動電話が使えない。アメリカはそれが前記のMOSS協議の日米合意に対する違反だとして、通商法三〇一条（その中でも電気通信条項と呼ばれる強力なもの。その後の移動電話摩擦でも、これが用いられた）の金づちを振りかざした。日本側は、合意内容ではなく金づちの方を見て、妥協した。そして、「コンパラブル・マーケット・アクセス」という言葉の入った文書を、アメリカ側に渡した。これが一九八九年の日米合意とされ、一九九三―九四年の日米移動電話摩擦の原因となった（その轍を踏むな、ということで一九九六年夏決着の第二次日米半導体摩擦の結果としての、政府間での声明文から、MA〔市場アクセス〕の語をすべて削除したのである。既述)。

◆一九八九年の日米合意とマーケット・アクセス

そもそも一九八九年の摩擦において、果たして日米MOSS合意に対する違反があったのかも、大いに問題である。だが、既述の如く、ECの部品ダンピング規制について日本がEC側クロのGATTパネル裁定を得たのは、翌一九九〇年の三月であるし、その当時は、本気で当時のGATTに基づき、ルール志向型で通商摩擦に対処しよう、といった日本政府のスタンスは、はっきりとは示されていなかった。

一九八九年の摩擦は、次のような形で「決着」した。即ち、当時の郵政省が私企業たるIDOに頼んで、新規参入をしたばかりなのに、NTT方式と並んでモトローラ方式でも移動電話サービスを提供してもらい、それを前提として、モトローラ方式にとっての真空地帯たる関東・名古屋エリア用に、そのための一定の周波数帯を割り当てたのである。日本(旧郵政省)側が同年にアメリカ側に渡した文書には、右の周波数のモトローラ方式のための割当てが、「同等の(コンパラブルな)マーケット・アクセス」の原則に基づくものでもある、とされていた。

おそらくはアメリカ側の強い意向に屈してのことではあろうが、それにしても物騒な「言葉」を書き加えてしまったものである。前章で示した「マーケット・アクセス(MA)」という魔術的な言葉が、文字通りの一人歩きを始めることになる。

確認しておく必要がある。この文書の中で、「コンパラブル・マーケット・アクセス」の語は、新たな周波数割当てとの関係でだけ、使われている。文脈として、そうなのである。

◆一九九三―九四年の日米移動電話摩擦

その後、ＩＤＯはアメリカのモトローラ社と種々の契約をし、一九九四年六月までに、同社の方式による移動電話サービスを提供するために必要な基地局を一九〇局建設する、等の私企業間の合意をした。同年三月現在までに既に一八九局は建設済であった。

ところが、モトローラ社側は一九九三年六月、ＩＤＯは十分努力してくれていない旨の不満を、郵政省に対して述べ、かつ、翌月以来ＵＳＴＲも同省に同様のクレイムをつけて来た。ＵＳＴＲ側は、関東・名古屋エリアでのモトローラ方式の市場シェアがＩＤＯの怠慢により著しく低いとし、これは前記の一九八九年日米合意に反する、と主張した。やる気のないＩＤＯからモトローラ方式での事業を行なう権限を第三者に譲渡せよとか、そもそもＩＤＯへの事業許可を取消せ、とまでも主張した。他方、ＩＤＯに対してＮＴＴ方式への投資を今後凍結させろ、等の主張もした。

このあたりから、私企業間の約束も日米政府間の合意も同じであり、ＩＤＯは日本政府の代理人（エイジェント）であるから、ＩＤＯの契約違反は、日本政府の対米約束違反だ、とするＵＳＴＲ側の、冷静な法的思考をおよそ無視した姿勢が顕著となって来る。

その点も問題だが、すべてが「コンパラブル・マーケット・アクセス」という言葉のみから発しているこ とに、最も注意すべきである。何度読んでも、いわゆる一九八九年の日米合意からは、関東・名古屋エリアでの、モトローラ方式（北米方式）の移動電話についての市場シェアが確約されていた、とは解し得ないのである。要するに、「マーケット・アクセス」という言葉を日本側が一回用いただけで、こういった無茶な主張をアメリカ側はして来るのだ、といった点での「パブロフの犬」的な反応をし、十分注意するよう、日本側は自らを訓練づけねばならないはずである。

旧郵政省側は最後まで歯をくいしばって抵抗したが、USTRは通商法三〇一条（既述の電気通信条項）の金づちをおもむろに持ち上げ、アメリカを十分納得させる合意を一九九四年二月一五日までにせよ、と迫った。この期限の設定の仕方が、同年二月に設定されていた日米首脳会談（細川・クリントン会談）と無縁だと言い切れるであろうか。

ここで一九九三年夏頃からの日米関係を、通商全般の問題として振り返る必要が出て来る。

◆日米包括経済協議と数値目標設定型の貿易政策

一九九三年七月に、日米共同声明の形で、いわゆる日米包括経済協議が開始された。ただ、その時点で既に大きな争点となっていたのは、アメリカの数値目標設定型の対日貿易政策である。日米半導体摩擦の際の、日本市場における二〇％のシェア確保要求と、その後のブッシュ大統領訪日時の、自動車部品に関する同様の対日要求を、一般化しようとする政策である。

既に述べた通り、日米半導体摩擦のあたりから、アメリカの対日通商政策は、日本市場において一定の市場シェアを外国企業（その実、アメリカの企業）に確保させるべく、日本政府に対米約束をさせる方向に、その重点がシフトして来ていたのである。

その際、とくに「自主的輸入拡大（ＶＩＥ）」という既述の手法が用いられる（石黒・法と経済一三九頁、八一頁注68)。日本側に自主的に輸入（サービスの輸入も含む）を拡大させる旨、確約させるのである。たしかにウルグアイ・ラウンドの新セーフガード協定の中で、輸出自主規制は禁止されている（既述）。だが、「自主的輸入拡大」は別であろう。それは全く新しい問題だ。――こうした見方が日本側でも一部になされていたが、問題である。どう問題なのかはあとで触れる。

日本側は、当時の大蔵・通産両省を中心に、こうした数値目標設定型の貿易政策は、全くの管理貿易（政府に管理された貿易）であり、ＧＡＴＴ（当時は、まだＷＴＯが設立に至っていなかった）の自由貿易主義の基本的精神を踏みにじるものである、としてスクラムを組んで抵抗した。そして、一九九四年二月の日米首脳会談は、正当に「決裂」したのである。

だが、官僚ばかりが抵抗した訳ではない。アメリカの世界的に著名な経済学者等数十名、日本の経済学者や（私を含めた）法学者百名余が、数値目標設定型の貿易政策（既述のＶＩＥを軸とするそれ）に反対する旨の声明を出していたし（石黒・通商摩擦と日本の進路六二頁、七二頁注2)、産業構造審議会の「不公正貿易報告書」を審議している委員会も、同様の見解を、この「決裂」よりも前に公表していた。その「決裂」を、日米の学界も強く支持していたことを、忘れてはならない。

◈一九九四年三月の日米移動電話摩擦の「決着」？

ここで前記の日米移動電話摩擦に戻る。日本側がかつてなかった程の、組織立った強い抵抗を、アメリカの求める数値目標設定型の貿易政策に対して行なうであろうことは、既に予測できたはずである。突如モトローラ社が郵政省に対して、ＩＤＯがモトローラ方式の普及について不熱心だ、とのクレイムをつけて来た一九九三年六月段階で、である。そして、それを契機にモトローラ社とＵＳＴＲが一体となって行なった対日要求は、まさしく数値目標を市場シェア（的な人口カバー率）で測定し、その確保を日本側に強く求めるものだった。

これは初歩的な「戦略」のはずである。正面作戦で日本側を撃破することが困難なら、側面から狙え、ということである。通商法三〇一条を振り上げて、ちょうど日米首脳会談のあたりを期限として、日本側に合意しろと迫ったのである。

だが、そこから先は、初歩でなく中級の「戦略」である。第一のシナリオとして、日米首脳会談前に日本側が全面譲歩すれば（そしてこの会談でもアメリカ側の要求が通れば）、一般論と同時に移動電話という具体的問題に即して、一挙に実績も挙がる。第二のシナリオとして、日米首脳会談が「決裂」しても、その時点で移動電話問題につき日本側が折れれば、日本側の一般論としての主義主張と具体的行動との明確な矛盾を、象徴的に示すことができる。第三のシナリオとして、日本側が日米首脳会談の「決裂」より若干遅れて移動電話問題で妥協すれば、多少はマスコミ的インパクトは薄れるが、ともかくアメリカは、日本政府の通商政策上の基本的矛盾を示す動かぬ証拠としての合意文書と、半導体・自動車部品に続く第三の実績(数値目標設定型の貿易政策の、第三の勝利)を得ることになる。但し、その際、アメリカ側としてはあくまで日米包括経済協議と日米移動電話摩擦問題とは別問題だ、とのスタンスを堅持せねばならない。そうせねば、日本側のメンツの問題として、当時の大蔵・通産両省が旧郵政省の支援にまわる可能性も、ないわけではない。そうなると面倒なことになる(この最後のところが、とくに「中級」の戦略である)。

結果は第三のシナリオとなった。二月半ばの期限の日に、アメリカが制裁措置発動を三〇日以内に行なう旨の宣言をしてその準備に入り、ぎりぎりの三月一二日、日本側がアメリカ（モトローラ社）側の要求をほぼ全面的に呑んで、この日米摩擦は「決着」した、と一般に解されてる。

◆日本側は新たに何を約束したか？

旧郵政省サイドの主張は、「コンパラブル・マーケット・アクセス」という言葉だけから、一定の市場シェア（モトローラ方式による人口カバー率という形をとるそれ）が確約されたとは言えない、との点が第一（つまり、今回の摩擦は、一九八九年の日米合意とは無関係だ、ということである）。第二に、USTRは民間企業たるIDOのなすべき事について旧郵政省（日本政府）が保証をせよ、ともしていたが、そんなことは出来ない。ちなみに、この第二の点は、日米包括経済協議開始に際しての、一般的な日本側の主張でもあった。アメリカ側は、「官」が命ずれば「民」が従う点にも「日本社会の異質性」があるとし、一方ではそれを打破して規制緩和とアメリカ的な「小さな政府」論を推進せよと言う。だが、他方で、アメリカ企業の日本市場への参入実績の確保（マーケット・アクセス！）については、「官」による「民」への強い指導をせよ、とするのである。

以上二点に加え、旧郵政省側は、アメリカが一方的報復措置を発動すれば、直ちにGATT提訴をする、としていた。この第三の点も、日米包括経済協議の開始に際し、日本側がアメリカ側に（これも文書の形で）釘をさしていた点である。日本側がアメリカ側に同調して、日米包括経済協議と今般の日米移動電話摩擦とは全く別問題だと言い張ったのは、おそらくこの点とも関係する。すなわち、実際に制裁（報復）措置が発動されれば、大見得を切った手前、GATT提訴せざるを得なくなるが、（再び?）「政治の介入」が懸念され、初志貫徹は出来まい、と踏んだのであろう。

かくて、実際の制裁（報復）措置発動直前に、従ってこの第三の点とぶつかることなく、前記の第一、第二の旧郵政省サイドの主張を根本的に覆す文書が、外務省経由で、アメリカ側に渡された。これが、一九九四年の、新たな日米合意である。即ちそこでは、今般の日米摩擦が、一九八九年の前記日米合意の実施「に関する」ものであったとされ（前記の第一の点への、逆の理解）、私企業たるIDOがモトローラ社と約束した事柄の実現のため、IDOの行動を監視（モニター）し、かつ、それを確保（エンシュアー）するため、日本政府としてすべての可能な措置をとる、とされている。

他方、USTR側からは、一九八九年合意に「コンパラブル・マーケット・アクセス」という言葉がある以上、NTT方式と同等の人口カバー率をモトローラ方式につき確保すること（その意味での数値目標の達成）は当然である、との一貫した主張の下に、それが日本政府によって認められたことを率直に喜ぶ旨が示された。そして、マスコミに対しては、今回の日米摩擦の過程で示されていたことは、日本の市場の閉鎖性と不公正さの象徴である旨が、USTR側から語られたのであった。

◈日本の通商政策の基本的矛盾?

かくて、この日米移動電話摩擦は、日本の通商政策の基本的矛盾を露呈させるものとなった。一九九四年二月の日米首脳会談の「決裂」後、わずか一か月で、「決裂」の原因となったアメリカの数値目標設定型の貿易政策につき、日本は、自ら半導体・自動車部品に続く第三の実績を、アメリカ側に対して証拠として与えたのである。せっかく筋をキチンと通したのに、一か月後に、逆の行動をとったのである。

しかも、何年か後に、前記の新たな合意文書が種になって、一層の摩擦が起こり得ることも懸念される（もっとも、アメリカはもっと大きな問題として、ＮＴＴの存在自体が問題だとしてその再編成、更にはＮＴＴグループの解体を目指している。〔ＮＴＴドコモを含めた〕ＮＴＴの世界的な技術力が邪魔なのである。この点は貿易と関税二〇〇一年三月号以降、一年余かけて公表される私の連載論文で、技術の視点を重視しつつ、詳論している。移動通信プロパーの問題は、同誌二〇〇二年七月号以降）。またしても、日本側は身勝手なアメリカの要求に自らをあわせ、かつ、「マーケット・アクセス」という言葉に、アメリカの意向通りの意味づけを、与えてしまったのである。ＧＡＴＳにおけるマーケット・アクセス概念に対して、日本の若手官僚達が何を思い、何を実行したのか。前章で示した点を振り返り、考えて頂きたい。

そもそも、なぜアメリカが実際に一方的報復措置の発動をするまでじっくりと待たなかったのか。一方的報復措置の脅しの不当性を、既に当時の日本は、「不公正貿易報告書」による理論武装をも踏まえつつ、たえず主張して来たはずである。

日本はなぜ、その場限りの妥協を、相も変わらず行なうのか。なぜＧＡＴＴ（今であればＷＴＯ）への提訴をし、正々堂々と自らの論理を語ろうとしなかったのか。そのような日本の毅然たる態度こそを、日本と同様の脅しにさらされる、どれだけ多くの発展途上国が待ち望んでいるのであろうか。「対米配慮論」でアメリカに妥協するのが、日本への国際社会の信頼を高める、とでも思っているのであろうか。そもそも、アメリカ以外の国々がどう思うであろうか、といった事など全く考えないで、日本は行動したのではないか。

そして最後に、輸出自主規制を禁じたウルグアイ・ラウンドの新セーフガード協定一一条（既述）及びそこに付された脚注に、一九九四年の前記日米合意の内容と非常によく似た事柄が明示され、そうしたことをしてはならない（禁止する）、とされていることを、日本としてどう考えるつもりなのか（二〇〇一年の日本の、対中（暫定）セーフガード措置との関係でも同様の問題があること既述）。GATT、そしてWTOの基本精神を踏みにじるものとして、数値目標設定型の貿易政策に強く反対するならば、なぜその基本精神をベースに、前記の条項を積極的に解釈しようとしないのか。

これが「羅針盤なき日本」の実態だったのである。

＊　その後の一九九四年九月末までの日米政府調達摩擦においては、既述の如く、日本側があくまでアメリカ側の数値目標要求を拒み、結局制裁発動直前で急にアメリカ側が軟化して「決着」を見た。実質的に日本側は勝利したのである。画期的な出来事と言うべきである。そして一九九五年夏の日米自動車摩擦・九六年夏の日米半導体摩擦の、それぞれの決着に際しても、日本は筋を通し、更に、一九九五年からの日米フィルム摩擦についても、一九九八年にWTO（GATT）紛争処理手続において勝利した（石黒・通商摩擦と日本の進路では、それらについてそれぞれ論じているが、日米フィルム摩擦がWTO設立後の日本の閉鎖性の象徴として、不当に取り沙汰された経緯等については、石黒・法と経済一六三頁以下を見よ）。だが、一九九七年の日本を襲った〝行革・規制緩和の嵐〟が、日本の通商政策にも暗い影を落とすことになるのである（本書第三部）。

第三章　貿易がすべてなのか？
――国際通信を素材として――

◈通信の果たす社会的役割

貿易の権化とも言うべきWTO本部のあるジュネーブには、国際通信の世界をこれまでずっと一つにまとめて来たITU（国際電気通信連合）の本部がある。そのITUの隣には知的財産権について同様の立場にあるWIPO（世界知的所有権機関――インテレクチュアル・プロパティを知的「所有権」と訳すのは、誤訳に近いが、WIPOは日本語ではこう呼ばれて来た）、さらに民間の国際標準化団体たる既述のISOの建物も、ITUの隣にある。ジュネーブだけを考えても様々な国際組織等があるが、最近はやたらとWTOのみが目立っている。それが「貿易を通して世界を割り切る」とでも言うべき視野の狭さをもたらしている。

旧ソ連圏の崩壊も、ドイツ統合も、根底においては、国際通信（広義では放送も含む――ITUの重要な役割の一つは、国際的な周波数割当である）による国境を越えた情報伝達の役割を無視し得ない面があろう。旧ソ連などは、自国に向けて勝手に電波を流す他国の衛星は、直ちにミサイルで撃墜する、としていた。他方、革命や侵略に際して、まず狙われるのは通信・放送施設であり、（放送を含めた）通信ネットワークは、まさに国家・社会の神経系統をなしている。

国家・社会全体がそうであるのみならず、我々一人一人の日々の生活が、通信に多くを依存している。電話が丸一日通じなかったら、その間に大事故があったら、一体どうなるか。しかも、今後は、次世代インターネット（但し、インターネットの起源が一九六〇年代のアメリカの、国防上の研究にあること〔石黒・超高速ネットワーク八九頁〕、そして九〇年代に入ってそれが商用化され〔同前・九二頁〕、今日に至っていることに注意せよ）を基軸とする二一世紀型情報社会（電子社会）の到来となる。そのための基幹ネットワークたる光ファイバー網を自国内全域にどの国が早く張りめぐらせるのかをめぐって、アメリカ・日本・ＥＵ（ＥＣ）のみならず、シンガポール・韓国等、そして実はＥＵ（ＥＣ）域内諸国間でも、烈しい競争がなされている。日本（ＮＴＴ）が二〇一五年までに全国的光ファイバー網の整備を終える旨を、いち早く宣言し、アメリカが前副大統領のゴアを中心に、ＮＩＩ（全米情報基盤）構想を一九九三年九月に打ち出した。日本よりも早くということで（但し必ずしもアメリカは光ファイバーのみにはこだわらない、とする。その点をも含めて民間の競争に委ねざるを得ない事情があるのである。そこで従来の銅線ネットワークに頼ったＤＳＬ〔ディジタル加入者回線〕の技術が注目されたのだが、ＤＳＬには、技術的に最初から限界があるのである。石黒・貿易と関税二〇〇二年六月号の連載論文参照）、二〇一〇年という期限を設定した。日本の旧郵政省（電気通信審議会）は、やはり光ファイバーが基幹をなすのだ、としつつ二〇一〇年までにその全国整備をする方針を固めた（その後、国策として二〇〇五年という目標年が設定された）。

◈経済発展と社会の発展――アイオワ州の決断とゴア前副大統領のＧＩＩ構想

このように各国が次世代通信網の構築を急ぐのは、経済発展や自国産業の国際競争力を考えてのこと、だけではない。むしろ、アメリカのＮＩＩ構想や、それに先立つクリントン＝ゴアの大統領選挙に際しての公約は、「貧しい者にこそ光を」といった発想に重点を置くものであった。そこがレーガン・ブッシュの共和党政権との差をなすが、党の如何が必ずしも決め手ではない。

映画『フィールド・オブ・ドリームズ』の舞台となったアメリカのアイオワ州には、ＩＣＮという名の世界最高速の全州的光ファイバー網が出来ていたのである。共和党の知事の決断と党派を問わぬ議会の、そして州民の熱烈な支持で、ＩＣＮは一九九三年一〇月に、その基幹部分の構築を終えていた。そこには、まさに夢のような「フィールド・オブ・ファイバー」が、出来上がっていたのである。しかも、「普通の人々」の生活の質（クオリティ・オブ・ライフ）を高め、過疎地の子供達や学生、研究者を含め、過疎地に居ながらにして都会に住むのと同等の、充実した生活や教育ができるようにすることが、その目的である。人々が単に情報を受け取るのみでなく、自由にそれを発信もし、普通のＴＶやＣＤ以上に綺麗な画面と音声でコミュニケーションをするのである。そのためには、超高速・大容量の光ファイバー網が、必要だったのである（石黒・超高速通信ネットワーク五五頁以下、同・法と経済二二六頁以下）。

通信は、誰でも、どこからどこへでも、を基本とする。むしろ種々のハンディキャップを負う人々（過疎地や途上国に住む人々を含む）こそ、最高の技術で、かつ、それらの人々の負担できる安い料金で、次世代通信網からの恩恵を受けねばならない。それを世界に向けて宣言したのは、アメリカのゴア前副大統領であった。アメリカのNII構想をグローバル化し、GII構想（Gは「グローバル」、IIは、NIIの場合と同じ、「インフォメーション・インフラストラクチャー」）を打ち出したのである。一九九四年三月、南米で開催されたITUの会議においてであった。ちょうど日米移動電話摩擦が「決着」した頃のことである。

◆アメリカの通商政策と国際通信

これまでの国際通信は、各国それぞれに独占的事業体があり、それらの国境を越えた協力の下に営まれていた。各国がそれぞれ独自の通信ネットワークと通信方式を有して来たという、昔からの伝統を踏まえつつも、せめて国際的なネットワークの接続においては、インタフェイスをあわせておかねばならない。そのための技術基準（国際標準）を定めて来たのがITUである。ITUはまた、各国間の国際通信政策についての、重要な協調の場であった。それがいつしか、アメリカから国際的なカルテルの場だとして非難されるに至った。

とくに、レーガン政権以来のアメリカは、競争原理の徹底（独占やカルテルの打破）を錦の御旗とし、日本を含めた諸国の国内通信市場と共に、それらの国々の国際通信市場の開放を、強く求めた。要するに、「貿易」の面からすべてを割り切ろうとし、二国間で圧力や脅しをかけると共に、この観点から、GATT、そしてWTOに注目したのである。

ウルグアイ・ラウンドのGATS（サービス貿易一般協定）に附属する協定たる、いわゆるテレコム・アネックスは、かくてGATS本体よりも一層徹底した「自由化」を求める内容のものとなった

（後述）。金融や航空運輸等についても同様のアネックスがついているが、その双方ともＧＡＴＳ本体の自由化路線を押しとどめる内容となっている。

金融について言えば、Ｇ８（主要八か国間の会議である）等の国際的政策協調の場が既にあり、かつ、規制緩和一本槍では解決がつかぬ問題が多々あるため、健全な金融市場の維持や投資家保護のための規制は、ＧＡＴＳ本体の自由化・規制緩和路線とは別に、温存する必要がある。それを認めさせるための金融アネックスが作られたのである。そこで押さえこまれたため、既述の「金融サービスのコミットメント（自由化約束）に関する了解事項」が作られ、「貿易屋」的立場からの不満の捌け口とされたのである。アメリカ内部でも「金融屋」と「貿易屋」との見解の相違があったのである。

◆テレコム・アネックスと通信の二重の機能？

ＧＡＴＳ附属協定たるテレコム・アネックスが、ＧＡＴＳ本体よりも進んだ自由化路線を打ち出した根拠は、次のロジック（本当はレトリック）にある。通信には、それ自体がサービスであるほかに、他の各産業の発展の基盤となっているという二重の機能がある（例えば金融や運輸サービスも他産業の発展基盤となるはずで、よく考えれば通信だけの問題ではないはずである）。だから一層の自由化が必要だ、とされたのである。金融アネックスも同じことになるはずだったが、正当にも全く逆の方向に押しこまれてしまったのである。

テレコム・アネックスは、昨今の規制緩和論に共通する一つの構造を有している。従来は、各国で通信事業の国家独占が一般的だったこともあり、規制を原則的に撤廃せよ、とは言えない。だが、規制サイドに、規制を維持する上での立証責任を、常に負わせているのである。

つまり、通信ネットワークやサービスの技術的統合性等を維持するため、いくつかのパターンで規制することは認めるが、他方、徹底した(アメリカの通商政策による)自由化路線からの発言も、別な条項に示しておく。それらは両論併記のようでありながら、それについて、例えばアメリカが日本の規制はおかしいとして(GATSをも包括してその下におくところの)WTOに提訴すれば、日本側が規制の必要性を立証しなければ負ける、という形になるのである。実にトリッキーな構造である(NTTの接続料金をめぐる一九九九年の日米摩擦で、アメリカはWTO提訴をちらつかせたが、その背景事情が別にある。WTO設立後も基本テレコム自由化交渉という交渉が続き、一九九七年にそれが決着する際、「レファレンス・ペーパー」なる文書が作成された。既述の〝金融了解〟と同様に、各国がWTO上の自由化約束の中にそれをとりこむ〔インコーポレイトする〕ことによって法的拘束力が発生する。その文書の中に、〝競争セーフガード〟という、実にトリッキーな条項が、アメリカのゴリ押しで、入っていた。アメリカはそれに基づいてNTTの接続料金問題でWTO提訴するぞ、と脅したのである。石黒・法と経済一六五頁以下、同・世界情報通信基盤の構築一二四頁以下。但し、インターネット接続料金で日米逆転が生じていること等にも注意すべきである。同・貿易と関税二〇〇二年一月号六四頁以下参照。なお、〝競争セーフガード〟の問題は、本書第三部で扱う諸点と深く関係する)。

だが、むしろ問題は、最も技術革新が烈しく、かつ、今まさに抜本的な通信網の高度化が各国で最重要課題とされている状況下にあるこの分野で、規制サイドに常に一方的に立証責任を負わせることが、どこまで当を得たことなのかにある。世界中どこの国も(アメリカも)、通信につきいかなる規制枠組が必要なのかにつき、今まさに暗中模索をしている最中なのである。今ある規制と現在の通信網を所与のものとし、単にそうした現状の中で規制を緩和すれば我々は自由になる、と叫ぶのみで十分か否かの問題である。

◆ユニバーサル・サービス概念の拡大

通信と放送との融合の問題がある。また、通信と言っても、「もしもし、はいはい」の音声通信ばかりでなく、ハイビジョン（ＨＤＴＶ）以上の高精細画面の、しかも双方向での伝送、要するに音声・データ・動画像一体型の完全双方向通信が問題となる。遠隔画像診断をそうした技術を使って全国津々浦々に住む人々をも平等に対象として医療目的で行ない、過疎地の学校での、双方向遠隔教育等も実現せねばならない。そのためには、銅線による従来の通信網を光ファイバーに置き換える必要がある。末端部分までの光ファイバー化で世界の最先端を走る日本（石黒・貿易と関税二〇〇二年二月号四二頁以下）でも巨額の投資が必要となる。そして、各国とも同じような問題を抱えている。

アメリカの既述のＮＩＩ（全米情報基盤）構想でも日本の計画でも、「ユニバーサル・サービス」概念の拡大の必要性、ということが強く認識されている。現在の日本でも、とくにＮＴＴのみを規制するための、いわゆるＮＴＴ法という法律が別にあり、そこにおいてＮＴＴ（一九九九年の再編成後はＮＴＴ東日本・西日本）に対して、このユニバーサル・サービスの提供義務を課している。

当面そこで考えられて来たのは、「もしもし……」の音声通信である。それを全国誰でも、どこでも使えるようにせよ、ということである。そのユニバーサル・サービスの概念を、コンピュータ間のデータ通信や高精細の動画像通信にも、しかも双方（インタラクティブ）的に広げてゆこうというのが、日米ともに重大な政策課題となる。

もちろん、そうした二一世紀型情報社会へと社会を導く上では、規制緩和と企業間の自由な競争に期待すべき場面も、少なくないであろう。だが、私企業は所詮私企業であり、儲かる部分ではがんばるが、儲からないところに一所懸命になることは、株主の利益との関係でも難しかろう。私企業間の競争に頼って、過疎地の人々や貧しい人々のための社会政策をも実現させようとすることには、限界がある。

広汎な過疎地域の存在と、過疎による各コミュニティ（地域社会）の崩壊、という状況の中で、アイオワ州が、州の財政で全州的光ファイバー・ネットワークを張りめぐらせたのも、こうした事情に基づく。しかも、すべて採算ベースで考えざるを得ない私企業にまかせた場合の五〇分の一程度の、極めて安い料金で、州内の誰でもが、ハイビジョン並みの画像とCD並みの音声で、お互いの顔を見、声を聞きながら、双方向でコミュニケーションできるのである。

そうした社会基盤（それは同時に経済発展の基盤でもある）の構築に向けて、日米EU等の諸国が、今まさに烈しい競争を展開しているのである。アメリカのゴア前副大統領も、そのGII（世界情報通信基盤）構想において、かかる新たなユニバーサル・サービス概念を具体化するためには、競争原理だけでは十分でないことを、認めていた。

◆国際通信と通商摩擦——独自プロトコル問題をめぐって

ここで、私企業の論理とアメリカの通商政策とが合体した場合、どんなことになるのかについて、その一端を見ておこう。

一九八五年に日本の通信制度改革（電電公社民営化と国内・国際両面での競争導入）がなされた。その直後からの日米摩擦の中で、いわゆる国際VANサービスの自由化が、一九八七年になされた（VANサービスとは「付加価値通信網」、つまり、単に情報を右から左に流すのでなく、一度蓄積してから相手の都合のよい時に流す、等々の付加価値をつけられる通信網、そしてサービスのことである）。それについても「羅針盤なき日本」の視点から論ずべき点が多々あるが、ここではその先を論ずる。

翌一九八八年、この日米間国際VANにつき、通信プロトコル摩擦が生じた（石黒・超高速通信ネットワーク九五頁以下）。通信プロトコルとは、技術的な通信手順のことである。日米間の国際VANサービスのためには、日米それぞれの通信網を、相互に接続する必要が生ずる。そのためのプロトコルについては、実はITUで国際標準が作成されていた。日本側は当然それを採用すべきだ、と主張した。当時のGATTスタンダード・コード（TBT協定）の基本精神からも、国際標準がある以上、それを遵守すべきだからである。

ところが、アメリカ側は、どんなプロトコルを使うかは企業の自由だとして圧力をかけ、結局日本は屈した。ITU体制を支持し、GATT（現在のWTO諸協定）も遵守する、というのが日本の基本政策なのに、である。それはもうよい。そういう国なのだから。

一体何が違うのか。問題の国際基準（X75と言う）は、例えば一方の国のネットワーク内で事故が起きたとき、他方の国のネットワークでその事故の規模や態様等もそれなりに察知できるように、工夫されていた。通信ネットワークが高度化すればするほど、事故対策は重要となる。だが、アメリカ政府の背後にいた企業にとっては、自らの社内ネットワーク用の独自プロトコルを、かかる国際標準にあわせる手間とコストが問題だった。まさに企業の論理である。だから、国際標準など無視しろと言い、それがアメリカ政府の声となった。

のみならず、同年（一九八八年）末、オーストラリアでのＩＴＵ関係の重要な会議で、アメリカ政府はＩＴＵの作る標準を採用するか否かは、各企業の判断に委ねるべきで、国家があれこれ言うべきではない、と公式に宣言した。これはＩＴＵのみでなく、当時のＧＡＴＴ（現在のＷＴＯ）スタンダード・コードに対する挑戦でもある。

さらに、ウルグアイ・ラウンドの前記テレコム・アネックスも、独自プロトコルの採用を認めるべきで、特定の標準を押しつけるなら規制サイドが立証責任を負え、との趣旨の規定を置くに至った。

◈相互につながらない閉鎖的ネットワークの世界的氾濫？

現在懸念されているのは、こうした私企業の論理、しかも今ある通信網を自由に使わせろ、という余りにも短期的視野のみで事が進んだ場合、一体どうなるかということである。最もポピュラーなシナリオは、世界中に巨大多国籍企業とその関係会社間の私的な通信網が氾濫し、しかも、それらが相互につながらない、というう事態になる、というものである（電子認証関係でも、グローバルなネットワークの相互運用性〔インターオペラビリティ〕を軽視する主張が根強くなされていたことにつき、石黒・貿易と

関税二〇〇〇年五～一二月号の連載論文参照)。

これらの巨大な私企業は、自らネットワークを張りめぐらすのでなく、太い束で線を借りて来て(専用線ないし賃貸回線)、それを仲のよい者どうしで使い、余ったら第三者にも使わせるのである。沢山物を仕入れれば単価が安くなるのと同じことで、他人にも安くサービスを提供できる。しかも、専用線サービスは定額制といって、何回通話しても料金は一定なのが、内外ともに一般である(グローバルなインターネットも、実際には、こうした太束の専用線網の上に成り立っている、という面がある)。

通信料金が少しでも安い方に皆が流れるのは、日本も外国も同じである。だが、独自プロトコルにこだわる限り、その閉鎖的ネットワークの外とは通信できないし、そうした私企業の効率重視のネットワークが、事故(ネットワークのダウン)に対してどれだけ強く構築されているかも、別途問題となる。ともかく、巨大多国籍企業や大企業が、こうした流れに率先して身を置くことになる。自らネットワークを張りめぐらす側の国際通信事業者は、最も重要な顧客から、また、最も重要な(通信量が多く儲かる)地域から、急速に収益を減らしてゆくことになる。しかも、専用線料金を下げろ、という圧力は、アメリカからどんどん、別途かけられて来ていたのである。

かくて、自らネットワークを張りめぐらす立場の、いわば親亀としての通信事業者が、その甲羅の上で「料金を安くしろ、今あるネットワークをもっと自由に使わせろ」と暴れる子亀達(実は、子亀達の方が概して親亀より大きくて強い)を背負いつつ、通信ネットワークの抜本的かつ継続的高度化の、担い手となるのである。他方、親亀どうしの競争もまた厳しく、かつ、英米による世界征覇の可能性も、各国の親亀達の間では、噂されている(インターネットのグローバルな接続の頂点にも、イギリスの

C&W社を含めた米英数社が、実は君臨している。インターネットは草の根的に……、といった見方は、実は物事の一面しか見ていないものなのである。石黒・貿易と関税二〇〇〇年一二月号四二頁以下を見よ）。一体これからどうなるのか。誰も全体を見通すことが出来ない状況なのである。

◆INTELSATとケネディの理想

こうした状況だから、誰も先が見通せないから、アメリカ社会の本能的リアクションとして、市場に極力すべてを委ねろ、競争原理がすべてを解決する、と言いたくなるのであろう。そして、そうした考え方が、レーガン・ブッシュ政権を経て、アメリカの強力な通商政策によって、世界を支配しつつあるのである。

だが、「貧者にこそ光を」というアメリカからの新しい声との関係は、どうなるのか。通信網を抜本的に高度化し、最高度の通信サービスをも含めて、世界中誰もが平等に使えるようにする、というゴア前副大統領のGII構想との関係は、一体どうなるのか。そこが問題である。大都市に住む人々や大企業ばかりが便利に、安く通信できればよい訳ではない。皆が平等に扱われねばおかしい。

まさに、こうした理想を高く示したのが、かのケネディ大統領であった。そして、ケネディ政権の強い意向を受けて、彼の死後、まさに世界中の国際衛星通信をこれまで一手に引き受けてきたINTELSAT《インテルサット》という国際組織が正式に作られた（皮肉にもINTELSAT衛星により世界中に流された初のTV画像は、ケネディ暗殺についてのものだった）。

ケネディは、世界平和の実現のためにも、世界中の人々が、貧富や人種等々の差にかかわらず、平等に、最高度の衛星通信の技術でコミュニケーションを深めてゆかねばならない、とした。その趣旨を具体化したのが、ＩＮＴＥＬＳＡＴ協定上の、「同一サービス全世界均一料金制度」であった。最近の傾向からすれば、通信量（トラフィック）の多い米欧間通信においては大幅のコスト・ダウンをはかれるから、料金をグンと低くし、通信料の少ない途上国との通信はコスト的に割高ゆえ、むしろ料金を高くせよ、ということが、強く説かれることになる。経済合理性からは、そうなるはずだ、とされる。だが、人々の平等や正義、といった観点からはどうなのか。

まさにこの後者の観点を重視したのがケネディであり、またＩＮＴＥＬＳＥＴの「同一サービス全世界均一料金制度」だったことは、言うまでもない。

◈レーガン政権以来のアメリカは何をしたのか？

ところが、レーガン政権以来のアメリカは、最も儲かる米欧間の企業間通信のみに着目して、「ＩＮＴＥＬＳＡＴの独占を打破せよ」と叫んだ。ケネディ大統領の時代のアメリカが、国際衛星通信についてのＩＮＴＥＬＳＡＴの独占に最もこだわっていたのに、である。要するに、ひと握りのアメリカの私企業が、儲かるなら俺達にもやらせろと言い、アメリカ政府がそれを支援したのである。

前記の制度は、米欧間の通信で通信料金として得られた富を、コストのかかる途上国との通信を低料金で維持するために配分し、全体として世界均一の料金を維持するためのものである。いわば、最もエレガントで理想的な、南北間の富の再分配システムだったのである（石黒・法と経済八三頁以下）。

だが、まさにその目的の実現のために、米欧間の通信については、実際のコストよりも随分と割高に、料金が設定されることになる。そこだけを狙って新規参入する私企業は、もとより採算などとれない途上国との通信などやる気がない。「そのあたりは勝手にやって下さい」ということになる。

アメリカは、かかるひと握りの私企業の論理を強烈にサポートし、かくてＩＮＴＥＬＳＡＴの独占は崩れた。世界平和の理想も、すべての人々の平等への強烈な認識も、単なる競争原理や貿易自由化のプラカードの前に、色褪せたものとなってしまった。それがこの二〇年程の間、アメリカがして来たことである。しかも、日本は、「バスに乗り遅れまい」ということで、このアメリカの動きに、実は追随しようとするのみだったのである（そして遂に、二〇〇〇年一一月一七日、ＩＮＴＥＬＳＡＴ体制は、実質的に崩壊した。ＩＴＳＯという組織が新たに作られ、その下に置かれた民間会社が従来のＩＮＴＥＬＳＡＴの業務を引き継ぐこととなったのである。一二年間は新会社が儲からぬ国への国際通信サービスを提供する義務を負うが、その先どうなるかは未定〔！〕である）。

◆次のステップに向けて

もう、この辺でよいであろう。貿易の自由化や競争原理、そしていわゆる経済効率は、たしかに重要な価値である。だが、それがすべてではないはずだ。

国際通信を素材とし、ケネディの理想とその後のレーガン・ブッシュ・クリントン政権時代のアメリカの通商政策とを対比する（但し、ブッシュ新政権下のアメリカの、パウエルＦＣＣ〔連邦通信委員会〕委員長は、注目すべき考え方の持ち主である。石黒・貿易と関税二〇〇二年三月号七〇頁以下を見よ）。そして、ゴア前副大統領のＧＩＩ（世界情報通信基盤）構想の、理念としての部分を想起する。さらにＧＩＩ構想とケネディの理想、そしてその理想を具体化したＩＮＴＥＬＳＡＴの前記の制度やアイオワ州の既述の試みとの親近性に気づく。――そこから得られるであろう認識は、単に国際通信に関するのみのものではないはずだ。今の我々の世界で、そして日本で起きている様々な歪んだ事象を正しく把握し、自分なりの視点を持つために、それは極めて重要なものであると、私は考える。

どうであろうか。どうなのであろうか。ともかく、じっくり腰を据えて、一つ一つの問題を考え抜いてゆかねばならない。そうすれば、「羅針盤」らしきものが、必ず見えて来るはずだ。一個の人間としての「羅針盤」、社会を導くためのそれ、国家を、そして世界を少しでも良い方向に導くための「羅針盤」、である。

――と、ここで本書初版は終わったのだが、それを計五日間で執筆した一九九四年の夏から今日まで、一体何が我々の世界、そして日本で、起きてしまったのであろうか。それを示すのが、本書第三部の役割となる。

August
Prof. K. Ishiguro

第三部

世界貿易体制下の日本と世界

第一章　貿易・投資の更なる自由化？
――〝グローバライゼイション〟と「市民社会」――

◆はじめに

一九九五年一月一日にＷＴＯ体制が成立し、我々は新たな世界貿易体制の下に置かれることとなった。だが、まさにそのＷＴＯ成立前後から、不穏な動きが内外に広がることになる。「市場原理主義（市場原理至上主義）」からの声が、内外に谺することになったのである。本書第三部では、それについて、まず、第一章で世界的な「貿易・投資の更なる自由化」との関係で論じ、第二章においては、そうした声が日本国内において、いかなる問題を惹起して来たかを論ずる。そして、終章としての第三章で、本書を結ぶこととしたい。

◆ＷＴＯ設立後の「貿易屋（トレード・ピープル）」の声

私はかつて、「通商法の領域で世界の論調を左右できる論客の数は、多いようで実は少ない。（ＷＴＯの父と言われつつ、悪名高きアメリカ通商法三〇一条のドラフトをかつて担当してもいたＪ・ジャクソン教授［本書において既述］を筆頭とする）代表格のせいぜい数名の周辺に、無意味な流星群ないしは衛星のように（それらの大小はあれ）、あまり主体的にものを考えずに、ひたすら基本的な問題のベクトルを察知し、それにみずからを合わせて行こうとする人々が居る。いわゆる国際シンポジウムはそうした人々の溜まり場であり、かつ、そうした人々の自己確認のための、悲しい舞台でもある」、と書いた（石黒・国際知的財産権二二〇頁、同・法と経済一五五頁）。その種の貿易関連の国際シンポジウムにけっこう引っ張り出されて、海外で私なりに孤軍奮闘した結果を踏まえた実感として、である。

そうした貿易関連の国際シンポジウム等を仕切る「貿易屋（トレード・ピープル）」達は、WTO設立後の世界について、次のように論じて来た。即ち、「市場アクセス（MA）」概念がWTO設立以降、新たな次元に入ったとし、今後のすべての国際貿易交渉の目指すべき目標として、次のような二つのプラカードを掲げたのである（内外無差別を越えて、容易に結果主義［成果重視の貿易政策］と結び付く傾向の強い、MA概念の問題性については、GATS一六条本体の作成における〝白馬の騎士達〟の活躍と共に、本書において既に示した）。

第一に、「完全な、事実としての内国民待遇が与えられること（ザ・フル・デファクト・ナショナル・トリートメント）」、第二に、「グローバル競争における各国国内市場の潜在的競争可能性（コンテスタビリティ・オブ・ナショナル・マーケッツ・イン・グローバル・コンペティション）の確保」、である（石黒・法と経済一五五頁）。何れも、〝言葉〟で何となく（！）世界を一定の方向に、しかしながら強烈に導こうとする「貿易屋」達が掲げる、アングロサクソン的、とさえ言えるプラカードである。本書で既に示したように、MAの概念、そしてそれに先行するNTB（非関税障壁）の概念も、そうであった。

まず、「ザ・フル・デファクト・ナショナル・トリートメント」だが、内国民待遇（NT）が、単に制度的にだけでなく、事実として「完全に」与えられていなければ駄目だ、との主張である。その限りではもっともだ、とも思われがちだが、彼らにはその実、外国からの参入に際して、参入先の国の企業と、市場シェア等で同等にならねば、いまだこの待遇は与えられていない、との結果主義（成果重視の貿易政策）的主張がその背後にある。

次に、「コンテスタビリティ・オブ・ナショナル・マーケッツ・イン・グローバル・コンペティション」だが、これは若干説明を要する（石黒・法と経済一五三頁以下）。

◆〝コンテスタビリティ理論〟と「貿易屋」によるそのハイジャック

コンテスタビリティ理論とは、もともと一九八〇年代前半に、アメリカのボーモルという経済学者が説いたものであった。実際のその狙いは、当時の世界のコンピュータ産業における、ＩＢＭ一人勝ちの状況でも、市場は効率的たり得る（従って反トラスト法等による介入は不要だ）、ということをモデルの世界で示そうとしたものである。そのボーモルの理論を、「貿易屋」達が「ハイジャック」したのである。どういうことなのか。

だが、そこを説明する前に、アメリカの規制緩和とコンテスタビリティ理論との関係についても、一言して置かなければならない。順次、論じて行こう。

実は、ボーモルの理論には、いくつかの非現実的な仮定があった。市場に独占的な事業者が居ても、「潜在的な新規参入可能性（コンテスタビリティ）」が確保されていればその市場は効率的だと言える、とする経済モデルの上での仮定として、この理論においては、新規参入が起こっても独占的な事業者が価格を下げないこと（そんなことあり得るのか？）、その産業において「埋没費用（サンク・コスト）」

がゼロであること、等が前提とされていた（石黒・法と経済五八頁）。

この「埋没費用」という概念についても一々説明が必要になるから面倒だが、ともかく、ある産業分野において、「投資をしても回収できない（その意味で埋没してしまう）コスト」のことを「埋没費用」と言う。そうした埋没費用の典型例としては、「研究開発（R＆D）費」、「広告・宣伝費」等があるとされている（石黒・法と経済六〇頁）。研究開発（R＆D）費をいくら投じてもリターンがどれだけあるかは分からないし、広告宣伝費も同様だ、というあたりがポイントとなる。だが、R＆D費用ゼロのハイテク産業など考えられるのか。また、TVコマーシャル等を一切しない企業（市場支配的な大企業）など、一体あるのか。一九八〇年代前半のIBMを例として考えよ。そもそもおかしな前提（仮定）なのである（既に指摘したことだが、経済学のモデルにおいては、モデル設定上明示的に列記されている仮定とは別に、「語られざる仮定」が隠されていることが、実に多い。そのことにも、注意を要する。石黒・法と経済四一頁注24）。

◆アメリカの規制緩和とコンテスタビリティ理論

ボーモルのコンテスタビリティ理論には、このような非現実的な仮定が多々あり、とても現実世界での出来事を説明できるようなものではあり得ない。だが、驚くべきことに、かつてはこの理論が、アメリカの一連の規制緩和の指導原理とされていた。それが相当怪しいと認識され、下火になったところで（石黒・法と経済六〇頁、七五頁注31・注33、七六頁注35等）、全く別のところから、この理論の「貿易屋」達による「ハイジャック」が企てられた、というのだから、問題は複雑ではある。だが、「貿易屋」達の魂胆は見え透いているから、「なんだそれは！」、というところに落ち着くはずである（なお、重要なこととして、新古典派経済学の分析においては、しばしば「技術革新［イノベーション］」の観点が、数字になりにくい等の理由で全く無視されてハイテク産業の在り方を論ずる、といった重大かつ信じ難い傾向がある。石黒・法と経済七九頁注61を見よ）。

アメリカの一連の規制緩和において、ボーモルのコンテスタビリティ理論が最も当てはまりやすいとされて来たのは、航空運輸の分野である(石黒・法と経済五六頁以下)。もっともその議論は、私の視点からは、最初から相当ラフなものであった。即ち、航空機には中古機市場等があるから、そこで機体を調達して参入し、市場から退出する場合にも比較的スルッと退出できる。だから「埋没費用」は「少ない（!?）」し、アメリカの国内航空運輸には、「価格規制」があるから（その反面で「便数は非規制」であった。石黒・日米航空摩擦の構造と展望一七頁以下）、新規参入の前後で支配的事業者が居たとしても価格を下げ「にくい」、ということで、前記のボーモルの「仮定」が最もあてはまり「易い」、とされたのである。

◈アメリカの「国内」航空運輸市場における規制緩和と「企業の戦略的行動」

だが、アメリカの国内航空運輸市場（但し、世界の国際・国内を合わせた全航空運輸市場規模の三〇％程もある、巨大なアメリカの「国内」航空運輸市場における規制緩和が、外国からの参入を一切シャットアウトした上でなされて来たことには、再度十分な注意が必要である［！］。石黒・日米航空摩擦の構造と展望四三頁以下、二一七頁、等）においてなされた大胆な規制緩和を現場で指揮した当局者達も、そして経済学者達も、全く見落としていた点がある。それは（信じ難いことだが！）、「企業は戦略的に行動する」、ということである。

「戦略的行動」と言うと、「ゲームの理論」を連想するかも知れないが（「ゲームの理論」の限界については、石黒・法と経済一一五頁以下）、ともかく完全な見落としがあったことは、経済学者達も認めている（石黒・法と経済五九頁）。要するに、規制緩和後、アメリカの主要航空会社は、自社便の運行上のハブ空港での、自己の立場の強化に躍起となったし、CRS（コンピュータ予約システム）の強化でも、やはり戦略的に行動し、そして、企業買収（M&A）が大規模になされ、かくしてアメリカの国内航空市場は、寡占化の一途を辿った。こうして、経済学者達を含めて、企業の戦略的行動が、コンテスタビリティ理論の前提たる「潜在的参入可能性」の前提を次々と覆して行ったことを、大いなる反省と共に、語るに至ったのである。

「馬鹿じゃないか」と言いたくなるが、戦略的行動は、企業のみならず個人だってする。私だってそうだ。それが前提とされていなかったということは、しかしながら、実は（恐らく）近代経済学、とくに規制緩和論を今日まで指導（？）して来ている新古典派経済学の前提する「人間像」と、深く関係する。基本的に「価格」のみに反応する「経済的合理人（ホモ・エコノミクス）」の事である（石黒・法と経済一二〇頁以下、二一五頁以下）。

◈ "コンテスタビリティ理論"と「貿易屋」（ハイジャッカー）の意図

以上述べたことは、次章で扱う日本国内の行革・規制緩和（規制改革）、そして構造改革を声高に叫んで来た日本の新古典派経済学者達の行動に対して、重大な疑問を投げかけるものでもある。だが、ここでＷＴＯ設立後の、「貿易屋」によるコンテスタビリティ理論の「ハイジャック」の問題に戻る。

問題の発端は、ＯＥＣＤ（経済協力開発機構）事務局の某氏の、「思いつき」にあった（貿易と関税一九九六年四月号三五頁）。ＷＴＯ設立後の貿易・投資の「更なる自由化」のための「プラカード」として、ボーモルのこの理論を、〝借用〟しよう、ということだったのである。つまり、ＭＡ（市場アクセス）概念と同じことで、貿易・投資の「更なる自由化」との関係では、外国からの参入が専ら問題になる。その際に、参入先の国の市場におけるバリア（貿易・投資の障壁）を一切（！）無くさせることを、ＷＴＯ設立後の世界は一瀉千里に目指すべきだ、ということである。前記の「完全な事実としての内国民待遇」も、同じことを目指す。

だが、なぜそれが「ハイジャック」なのかを、更に説明せねばならない。実は、ボーモルの論文はこうした「貿易屋」達の論稿に、多く「引用」される。だが、コンテスタビリティ理論の、前記のごとき非現実的なもろもろの「仮定」は、そこにおいて一顧だにされていない。これは、誠にもって非学問的な営為であり、殆ど言葉の暴力と言うべきものである。

だが、「言葉の一人歩き」は、実に恐ろしい。ＯＥＣＤをはじめとして、世界貿易体制の今後をめぐる各種の国際シンポジウムでも、「コンテスタビリティ」が中核的なテーマとされ、次期ＷＴＯ交渉（ラウンド）や、後述のＯＥＣＤ自体の問題ある行動（規制改革、及び、正当に［！］挫折したＭＡＩ［多数国間投資協定］）を、現実にリードして行ったのである。ともかく、「すべての点において障壁の一切ない市場」を各国に「作らせよう」、ということである。

◆フジ・コダック事件（日米フィルム摩擦）の位置付けをめぐって

実は、こうした展開の中で、コンテスタブル「でない」（潜在的参入可能性の「ない」）市場の例として、「貿易屋」達が好んで挙げた事例がある。それが、フジ・コダック事件（日米フィルム摩擦）だったのである。日本国内では、一九九六年六月一三日にUSTRが、この問題をWTO提訴する（即ち、直ちに通商法三〇一条で対日制裁することはしない）とした途端に、この事件のニュース・バリューもなくなった。

だが、海外では逆にこの時点から、フジ・コダック事件における日本側の対応こそが、（不当にハイジャックされた）コンテスタビリティ理論によって叩くべき最も適切な例として、好んで「貿易屋」達（WTOの父とされるJ・ジャクソン教授も含む！）によって取り上げられるようになったのである（石黒・法と経済一六三頁以下）。

フジ・コダック事件では、一九九三―九四年の、既述の日米移動電話摩擦のときにモトローラ社の会長だった人物が、コダック社の会長になったことをも背景として、摩擦が顕在化した（石黒・通商摩擦と日本の進路二八九頁以下）。アメリカ側（イコール、コダック社）の主張の骨子は、フジ・フィルム側が、日本のフィルム市場で自己の特約代理店網を握り、反競争的行動をしているのに、日本政府がそれを意図的に放置し、そのために世界各国で七〇％の市場シェアを誇るコダック側が、日本では一〇％のシェアしか取れず、従って日本市場は閉鎖的だ、とする点にある。

当時は、「系列」と言う日本語が〝keiretsu〟としてそのまま英文で用いられ、日本市場の閉鎖性が、またしても「言葉」に頼って、意図的に喧伝されていた（今でも基本的に、そのままの状態が続いていることに、最も注意すべきである！）。フジ・コダック事件の場合には、「流通系列」による「流通ボトルネック」が反競争的、とされた（「ボトルネック」という「言葉」も、曖昧なまま用いられ、例えばＮＴＴ［再編成後のＮＴＴ東西］の加入者回線網がまさに「ボトルネック」だから、「開放せよ、しかも極力安く！」といったことが説かれて来た。しかも、困ったことに、日米摩擦の文脈だけでなく、国内公正競争論議においても、同様であった。石黒・法と経済一六一頁以下の「公正競争論と不公正貿易論との交錯」の問題だが、同・一六四頁以下との対比をせよ）。

コダック側は、「保護政策の民間への移行（民営化）」と題した文書でキャンペーンを張った。だが、フジ側は、「歴史の改竄《かいざん》」と題した文書を出して、徹底的に争った。それはまさに、日本企業の鑑と言える果敢な行動であり、称賛に値する。

実は、コダック社の日本市場への参入の歴史は結構古く、以前は二社の特約代理店を有していた。そのうちの一社との関係をコダック社が切ったため、仕方なくその代理店がフジ側についた。だが、その代理店の存在も含めて、コダック側は（過去のこうした経緯に一切触れることなく）フジ側、そして日本側の対応を、批判したのである。だから、「歴史の改竄《かいざん》」なのである。

コダック社側が日本でのシェアを落とした理由については、アメリカの研究者からも、レンズ付フィルム、アーサー四〇〇フィルムの導入等でコダック社が遅れた対応をしたこと、等が原因だ、とする正当な声が挙がっていた（「貿易屋」達を相手に、文字通りたった一人で孤軍奮闘したシンガポールでの国際シンポジウム報告の邦訳たる、石黒・貿易と関税一九九六年三月号一〇二頁以下、とくに一〇五頁以下を見よ）。

既述のごとく、この日米摩擦では、WTOのパネルでアメリカ側の主張（非常に屈折に満ちたそれ）が退けられた。だが、その間に以上述べて来たような、海外での暗い動きがあったことを、一体どれだけの人々が、この日本の中で知っていたのか。そこが問題である。

◈OECDの「規制改革」報告書（一九九七年五月）の問題性

さて、ここで、これまで本章で示して来た諸点の火付け役的役割を水面下で演じたOECDの、問題ある動きについて、論じてゆくこととする。一九九七年五月の「規制改革（規制制度改革――レギュラトリー・リフォーム）」報告書から、見ておこう（石黒・法と経済一六九頁以下。詳細は、同・グローバル経済と法八九―一四七頁）。

「規制改革」とは、「規制緩和」を部分集合とし、政府規制全般について、すべて見直して改革をせよ、ということである。だが、その報告書の内容は、全くの「市場原理主義（市場原理至上主義）」そのものと言ってよい。

「競争促進」と「規制コスト削減」が「規制改革」の目的とされ、貿易（！）と競争とを促進するのが「良い規制」とされる。そうでないものが「悪い規制」とされ、かくして「社会的規制」を含めた「規制制度」全般の、「改革」が志向されている（石黒・グローバル経済と法九〇、一一五頁、一四一頁以下、一四五頁、等）。

但し、この報告書の言う「貿易・競争の促進」について、一連のWTOの動きをも視野に入れた場合、「貿易」については既述の「内外逆差別型MA概念」とその徹底、「競争」についても、海外からの参入が主として念頭に置かれることから、参入先の国での支配的事業者の抑え込み（その意味での「非対称的規制！」、即ち、「内外逆差別」）が意味されていることに、最も注意すべきである（そのカラクリにつき、石黒・法と経済一七〇頁以下、一六四頁以下）。

この一九九七年という年は、日本で後述の〝行革・規制緩和の嵐〟が吹き荒れた、まさにその年、である。そして、日本政府部内に置かれていた規制緩和推進のための委員会は、このＯＥＣＤの動きに連動して、規制改革委員会へと、名称変更まで行なった（石黒・貿易と関税二〇〇一年一〇月号四八頁。なお、同・グローバル経済と法一四一頁を見よ。なお、同委員会は二〇〇一年四月一日に廃止されたが、政府レベルに問題が格上げされた形になっている）。

一言で言えば、政府の規制そのものをどんどん削減・撤廃して、すべてを市場（市場競争）に委ねろ、というのがこの報告書の基調をなす。ところが、一見経済理論に基づいたかのごときこの報告書には、実証性が著しく乏しい。論じ方も、はっきり言えば滅茶苦茶である。詳細は別に論じたところゆえ、私がよく用いる一つの例を、ここでは挙げて置くにとどめる。

◈「航空の安全性」と「規制緩和」？

アメリカでの規制緩和の〝源流〟についての、屈折した事情（石黒・法と経済五一頁以下、二三頁以下）については、既に本書でも示したが、それでは「航空の安全」について、ＯＥＣＤの規制改革報告書が、一体いかなることを説いているのか。安全性の問題は、政府の規制によるよりも、市場競争に委ねた方がより良く達成できる、といった文脈で、「証拠」として挙げられているのが、次の点である（石黒・貿易と関税二〇〇一年二月号二八頁）。

その部分の「全文（!）」を示せば、「アメリカにおける航空の安全性は、規制緩和以後、向上した。百万人キロ〔旅客数と飛んだキロ数を掛けたもの〕単位の死亡率は、一九七四―七六年の期間から一九九三―九五年の期間までに、七五％低下した」、とある。本当に、それだけしか書いてないのである。どうして「規制緩和」と「死亡率低下（安全性向上）」とを、直結させられるのか。端的に言えば、「因果関係」の論証として、十分なのかの問題である（石黒・グローバル経済と法一三一頁以下）。他の要因はないのか。それがあったとして、その「寄与分」を差し引いたところで初めて何かが言える、というのが常識であろう。

そこで誰しもが思いつくであろうことは、上記の二つの時期の間に、コンピュータ等の情報通信技術の大きな革新（技術革新）があった、ということである。衝突防止装置の導入と高度化、等を考えればよい。

新古典派経済学の分析において、しばしば技術革新の要素が捨象されがちなことは、既に示した（石黒・法と経済七九頁注61）。それを捨象するのは、モデルや数式に、それが乗りにくい（要するに、数字にしにくいか、あるいは出来ない）からだが、現実の世界で規制の在り方を論ずる際に、こんなことは、許されることではない。

だが、ＯＥＣＤの「規制改革」報告書は、臆面もなく「証拠」として、前記の点を挙げているのである。その〝現物〟を、実際に自分の目で見なければ、こうした情けない事柄の積み重ねでこの「規制改革」報告書が成り立っている、という〝事実〟はつかめない。だから、私は、この報告書の「すべて」を総批判したのである（同・グローバル経済と法八九―一四七頁）。

◆一九九七年のアメリカ経済白書との関係

ところで、ＯＥＣＤの「規制改革」報告書とほぼ同時期に、若干それに先行して、一九九七年のアメリカ経済白書が公表された（石黒・グローバル経済と法七五頁以下、同・法と経済三〇頁以下）。そこには、ＯＥＣＤ「規制改革」報告書、そして同年の日本で吹き荒れた〝行革・規制緩和の嵐〟における、市場原理主義（市場原理至上主義）とは、明確に一線を画した指摘がなされていた。

政府の役割を再認識し、かつ、ちょうどアメリカで各種産業の規制緩和が本格化したあたりから不可逆的に生じた、アメリカ社会におけるどうしようもない貧富の差（格差）の拡大を直視するというのが、この一九九七年アメリカ経済白書の中で、最も注目すべき点である。

何でも民営化し、市場原理だけで処理する訳には行かないのだという、私からすれば当たり前のことが指摘されているのだが、ＯＥＣＤやＷＴＯの市場（競争）一辺倒の動きは、こうしたアメリカ国内での、ある種の「地殻変動」を無視して、進められることになる。

アメリカには、常に国内向け・海外向けの二つの顔がある。後者（ＵＳＴＲ等によって代弁されるそれ）を前者に整合させることもまた、アメリカの良きパートナーたることを自認する日本の、重要な役割のはずなのだが、現実にはそうなっていない。

さて、ここで再びＯＥＣＤの動きに戻る。

◆OECDの「多数国間投資協定（MAI）」作成作業

前記の、OECDの「規制改革」報告書には、OECD加盟諸国に対する直接の法的拘束力は、もとより無い。だが、条約となれば別である。そして、WTO設立後の「貿易・投資の〝更なる自由化〟」との関係で、まさに「規制改革」報告書を「投資」の場合に当てはめた形で、それと連動して作成作業の進められたのが、MAIであった（作業開始は一九九五年五月だが〔石黒・グローバル経済と法一四九頁〕、一九九七年一〇月、一九九八年四月に条文案〔交渉テキスト〕が出された〔同・一五〇頁〕。それらを、同時にそれぞれ出されていたコメンタリーと合わせ、虱潰しに検討したのが、同・一五〇―二三七頁である）。

このMAI（案）を克明に辿ることによって、OECD「規制改革」報告書の真の狙いも、一層明確化される、ということなのである。だが、正直言って、それはおぞましいとしか言いようのない代物であった。

外国からの（！）投資、及び外国投資家の、投資先の国での利益の極大化がMAI（案）の目的である。投資先の国での種々の政府規制が、既述のフジ・コダック事件におけるコダック側の主張そのままに（従って民間の営為も政府の営為自体とないまぜに――石黒・グローバル経済と法一六一、一七三、一八五、一八九頁、等）、野放図に問題視されていた。

例を挙げれば、（投資先の国での）「課税」は、原則として「国有化・収用」と同じだ、などとされ（石黒・グローバル経済と法二三〇頁以下）、かつ、〝「投資家」対「投資先の国」の紛争処理手続〟（仲裁がメインである）まで、一般的な形で用意されていた（同・一七一頁以下。「課税」との関係では、同・一七四―一七六頁に注意せよ。とんでもない展開が、あったのである）。「国」対「国」の紛争処理手続とは別に、である（しかも、この二つの紛争処理手続はダブってしまい得る。同・一七四、一八〇頁。また、当然、ＷＴＯ紛争処理手続との関係も問題となる。とくに、ＧＡＴＳの中には、投資問題と深く関係する問題が、多々扱われているから、である）。

金融についても、一応ＷＴＯの「金融アネックス」（金融市場の安定、投資家保護、等の目的での種々の規制［「プルーデンス規制」と呼ばれる］は、ＧＡＴＳ本体の自由化路線とは別に維持出来る、との点を眼目とする）の線をなぞりつつ、しかしながら「プルーデンス規制」についても、既述のＭＡＩ（案）の紛争処理手続に服させよう、等の点が示されていた（石黒・グローバル経済と法一七〇頁、二二二頁、そして二二六―二二八頁を見よ）。本音としては、金融市場の安定などより、ともかく儲けさせろ、邪魔はさせるな、といったところなのである。

課税や金融だけではない。およそＭＡＩ（案）における「投資」（及び「投資家」）の概念が滅茶苦茶広い（ポートフォリオ投資も含む。同・一五五頁）上に、何でも〝「投資家」対「投資先の国」の紛争処理手続〟に持ち込まれ得る、とするかのごとき規定もある（同・一九二頁）。これを使って、例えば仮りに、フジ・コダック事件のコダック社が日本政府を訴えたとしたら、「コダック社にフジの特約代理店網を使わせろ」といった、一九九四―九五年夏の日米自動車摩擦（同・通商摩擦と日本の進路一〇七頁以下。正確には、この摩擦におけるアメリカ側の主張）のようなことまで生じ得るし（同・グローバル経済と法一九四頁）、しかも、ＭＡＩ（案）に基づく仲裁判断としてそうなれば、日本国内で「行政庁への義務づけ訴訟」的に、それを外国仲裁判断（なお、石黒・国際民事訴訟法三一〇頁以下）として、執行せねばならない、といった非常識な規定になっていたのである（同・グローバル経済と法一九三―一九四頁。ちなみに、この最後の点が、二〇〇一年末に日本とシンガポールとの間で締結された、既述の二国間自由貿易協定中の紛争処理規定への懸念として、私が当局側に強く伝え、善処してもらった点でもあった）。

◆一九九七年のアジア経済危機の顕在化とＭＡＩ作成作業

ＭＡＩ（案）の交渉テキストが出されたのは、既述のごとく一九九七年一〇月、一九九八年四月であった。即ち、アジア諸国の金融、そして経済の危機（石黒・法と経済三三頁以下）が深刻化する中で、それらが出された。そこに、最も注意すべきである。この状況下において、ＭＡＩ（案）は、一体いかなる対応を示していたのか。

驚くべきことに、ＭＡＩ（案）が最も神経過敏に規定を置くのは、「資金移動の自由」であり、海外の投資家（投機筋を含む）が投資先の国から資金を引き上げたいときには、世界で通用する主要通貨で、いつでも自由にそれがなし得るように確保せよ、とある（石黒・グローバル経済と法一六六頁。なお、同・一五七—一五八頁、四三二頁、等）。この点も、〝「投資家」対「投資先の国」の紛争処理手続〟に持ち込まれる。

誤解のないように一言しておくが、ＭＡＩ作成作業においては、ＯＥＣＤ諸国（先進諸国）間での条約の締結を第一歩とし、その条約ネットワークを、アジア等の諸国にも広げて行くことが、予定されていたのである。そのことを前提として、以上のＭＡＩ（案）についての指摘を、もう一度振り返って戴きたい。

アジア経済危機の元凶ともされる国際投資（実は投機）ファンドとの関係で、国際的にも何らかの規間もMAIの拘束を受ける、とまでされていた。同・一五三頁、一二三六頁)。条約として批准された場合、それをある締約国が廃棄したところで、既存の投資との関係では、更に一五年とするのがMAI(案)だったのである。非常識極まりない展開、だったのである(しかも、MAIがグローバル経済と法一五七頁を見よ)。それなのに、いつでも投資(投機)資金を自由に引き上げさせよ、制が必要だ、との認識が高まっていた時期に、MAIの条約ドラフトが出されていたのである(石黒・

◈MAI作成作業の挫折(一九九八年秋)と「欧州市民社会」論

もはや世も末か、と私が嘆いていた頃、朗報が入った。一九九八年秋に至り、MAI作成作業が挫折したのである(正式挫折の報道は、同年一二月五日。石黒・グローバル経済と法二二四頁、四三一頁以下、四三七頁以下)。まずフランスが、そして次々と欧州諸国が交渉から降り、そして一人ポツンと取り残されたのが、実は日本(更に言えば当時の通産省!)、であった。

しかも、日本側は、一九九九年春の四局通商大臣会合まで、MAI交渉の正式挫折を認めようとしなかった(同・四三八頁を見よ)。なぜかと言えば、このおぞましいMAI交渉の旗振り役は、実は日本であり、本書第三部第二章で論ずる、一九九七年の〝行革・規制緩和の嵐〟を主導した旧通産省が、言わば外堀を埋めるべく、OECDの「規制改革」報告書、そして条約としてのMAIの作成に、最もこだわっていたからである(石黒・法と経済一七〇頁以下)。

つまり、旧通産省には、アメリカの不公正貿易論的主張に対して断固戦う、一九九二年以来の輝かしい「顔」とは別の、もう一つの「顔」、しかも極めて暗いそれが、あったのである(石黒・グローバル経済と法三七六頁注22)。

さて、フランスを始めとする欧州諸国がＭＡＩ交渉をボイコットし、挫折に追い込んだ背景には、欧州の歴史と伝統を踏まえた「欧州市民社会」論がある(それを論じたＥＵの公式文書については、石黒・貿易と関税二〇〇一年一月号五一頁注8参照)。現象的には、ＭＡＩが出来てしまうと、環境保護や労働者・消費者の保護、そして各種の安全性確保等のための、社会を、そして人々を守るための「規制」も、すべてＭＡＩに巻き取られ、実際上、出来なくなるに等しいことになる(少なくとも、既述のＭＡＩ［案］の紛争処理手続で、非常にややこしいことになる)。こんなことで「社会」が持ちこたえられるか、というのが問題の本質である。

もとより、ＭＡＩ作成作業については、環境関連等のいわゆるＮＧＯ(非政府組織)の根強い抵抗があったが、それだけではなかったのである。まさに、「多国籍企業が国家を縛る構図」が、ＭＡＩ(案)の基本にあったから、それが挫折したのである(石黒・グローバル経済と法四二六頁以下。ＭＡＩ［案］において、一九七六年にＯＥＣＤが出した「多国籍企業行動指針」、つまり、ＯＥＣＤ加盟諸国は一致して、多国籍企業が進出先の諸国で、基本的人権や現地での環境等を害する事のないよう監視しよう、との内容のそれの、「骨抜き化」が意図されていたことにつき、この「行動指針」の背景を含めて、同・八頁以下、一五二頁以下、二三六頁)。

◆一九九八年五月の第二回ＷＴＯ閣僚会議と「途上国の疎外化」？

ここで、ＷＴＯの動きへと目を転ずる。一九九八年五月にジュネーブで第二回ＷＴＯ閣僚会議が開催された。ＯＥＣＤのＭＡＩ交渉が挫折するよりも前だ、ということになる。だがそれは、まさにアジア諸国や東欧諸国等での経済危機が深刻化していた頃である。

それなのに、このジュネーブでの会議で出された閣僚宣言は、基本的に、「更なる自由化」を、単線的に（！）追求するのみのものであった。危機を乗り越えるには、「更なる自由化」が必要だ、とするのである（石黒・法と経済三六頁）。

だが、例えばアジア諸国の経済危機の発端となったタイの金融危機についても、その原因について、重要な問題がある。即ち、タイには、金融危機回避のためのそれなりの規制があったのだが、「自由化」を求める他国からの圧力で、それが緩和されたため、危機が生じてしまったとする、極めて説得的な指摘が、なされているのである（石黒・法と経済三四頁以下）。そのあたりの事柄を一切度外視した、もはや惰性としての「自由化」が、第二回ＷＴＯ閣僚会議において、宣言されていたのである。

それともう一つ。この閣僚宣言では、途上国の「疎外化（マージナライゼイション）」という言葉が、用いられていた（石黒・法と経済三六頁）。この実に冷たい言葉遣いには、世界貿易体制からの「落ちこぼれ」として途上国を見る、今のＷＴＯ体制の問題ある姿勢が、裏打ちされている。

だが、「自由化一辺倒」で走った場合、問題が生ずるのは、果たして途上国においてのみなのか。まさにそのことを、その数か月後の「ＭＡＩ交渉の正当なる挫折」という冷厳たる事実が、示していたはずである。

◆ＷＴＯ次期ラウンドへの日本の屈折した政策――アジアからの搾取？

さて、ＭＡＩ交渉の正式な「挫折」を、旧通産省がまだ認めていなかった頃（なお、石黒・グローバル経済と法四二〇頁を見よ）、産業構造審議会に置かれた二つの小委員会の中間報告書が出た（同・三六九頁以下、四四三頁以下）。一九九九年二月のことである。サービス貿易と、そして投資に関する、次期ＷＴＯ交渉向けの検討である。

私は前者の小委員会の副委員長として、最大限抵抗したが、おぞましいことに、それらの中間報告書の骨子は、以下の点にあった。即ち、アジア経済危機の中、欧米の企業はアジア諸国に積極的に進出し、ここぞとばかり「安い買い物」をしているのに、日本企業は積極的な進出どころか、撤退傾向にある。その日本企業の尻を叩き、かつ、日本企業がアジア諸国に進出し易いように、それら諸国の貿易・投資上の障壁（バリア）を列挙し、撤廃させせよう、というのである。

これは、ＯＥＣＤでの規制改革や、挫折したはずのＭＡＩ交渉の、単なる延長であり、かつ、「（更なる）自由化」の名の下に、その実「アジアからの搾取」を意図するものとしか、私には考えられないことであった。幸い、同省内の人事異動等もあって、その後は事態がかなり改善したが、二〇〇一年の後半あたりから、またゾンビ達の復活が始まって、事態は混沌としつつある（後述）。

◆ＷＴＯ基本テレコム交渉（一九九七年二月決着）と「競争セーフガード」

一九九九年二月に出された、前記の、産構審のサービス貿易に関する研究会の中間報告書には、実に気になることが書かれていた。既述の、内外逆差別的内容の「金融了解」、そして、一九九七年二月にようやく決着したＷＴＯ基本テレコム交渉において（「金融了解」の手法を真似たものとして）作成された「レファレンス・ペーパー（参照文書）」という、二つの文書が注目された。それら二つの文書をまさに模範とし、分野横断型（ホリゾンタル）・アプローチと称して、サービス貿易の全分野にそれを広げよう、ということが旧通産省側の強い意向として、示されたのである（石黒・グローバル経済と法三七一頁以下）。

これまで論じて来た線で、私は猛烈に抵抗し、自由化に伴う社会的弊害等にも、何とか言及してもらった（但し、それは本文と但書との関係で言えば、但書としてのものにとどまる）。だが、問題は、旧通産省側が、（既述のゾンビ達も含めて）この「レファレンス・ペーパー（参照文書）」がいかなる経緯で作成されたかについて、十分な認識を有しなかったことにある（石黒・法と経済一六四頁以下、一七一頁以下、同・世界情報通信基盤の構築一二六頁以下）。

この「レファレンス・ペーパー（参照文書）」の原型は、ＷＴＯ設立後も、（所詮は自国の規制上の概念に過ぎない）「基本テレコム」の、更なる自由化にこだわったアメリカが出した、「競争促進的な規制上の諸原則」という文書である。そこには、物騒かつトリッキーな「競争セーフガード（コンペティティブ・セーフガード）」なる概念がある。

要するに、各国には、市場支配的なテレコム事業者が居て、海外（アメリカ？）からの参入を阻害するであろうから、そうした各国の主要な事業者を、各国は常時（！）監視せよ、ということである（他方、アメリカは、当時いまだ強大な力を有していたＡＴ＆Ｔは、「競争セーフガード」の対象外だ、などと臆面もなく公言していた）。

この点を始めとして、かかるアメリカの強硬な原案をベースとして、それを多少薄めた程度の「レファレンス・ペーパー」には、問題があまりに多い（石黒・世界情報通信基盤の構築一二六頁以下）。それなのに、それを（「金融了解」とともに）全サービス分野に拡大し、一般ルール化するなど、とんでもないことである。そもそも、「競争セーフガード」と言うときの「競争」概念自体が、「市場アクセス（MA）」概念と直結し、歪んでいるのである（！）。

それともう一つ。日本側、つまりは旧通産省（現在の経済産業省）側には、WTO次期交渉で「競争」の問題を取り上げることに対して、最も消極的なのはアメリカだ、との思い込みが、いまだに根強い。日本側は、次期ラウンドで「貿易と競争」を扱うことで、各国のアンチ・ダンピング（AD）規制が、その実、市場での自由競争を歪める点に焦点を当てたいのである。その点についてアメリカが消極的だったことは事実である。

だが、アメリカは、インターネット等を通して二一世紀の世界覇権を維持する上で最も重要な、テレコムの領域において、他国市場をこじ開けるための梃子となる「競争促進的な規制上の諸原則」、即ち、「歪んだ競争概念」に基づく競争政策上の主要な問題を、既にWTO体制の中に、「レファレンス・ペーパー」という名の下に、埋め込んでいたのである（このペーパーを各国が自己の自由化約束の中に取り込む「インコーポレイトする」事によって、その法的拘束力が、その国にとって発生する仕組みである）。それを、なぜ日本側が全分野に拡大しようなどと考えるのか。おかしいではないか。一体、何を考えているのか。

◆二〇〇〇年七月のG8九州・沖縄サミットと日本の「eクオリティ・ペーパー」

だが、私なりの闘争の中で、テレコム(本書第三部第二章で後述する)の関連では、私の考える正しい方向への問題のシフトも、それなりになされ得た。まず、二〇〇〇年七月のG8九州・沖縄サミットでは、「沖縄IT憲章」(正式には「グローバルな情報社会に関する沖縄憲章」)が出された(石黒・貿易と関税二〇〇一年一月号五一頁以下)。そこでは、「レファレンス・ペーパー」に見られた「歪んだ競争概念」の影はなく、各国の文化的多様性を重んじ、人権保障と社会的結合を促進するものとしてIT(情報通信技術)を位置付けるという、GII(世界情報通信基盤)構築の理念に立ち返った、正当な宣言がなされている。

更に、それに先行して、旧通産省(現経済産業省)は、二〇〇〇年六月に、WTO次期交渉に向けて「eクオリティ・ペーパー」という文書を出していた(石黒・貿易と関税二〇〇一年一月号五三頁以下)。電子商取引(eコマース)に関するものである。そこでは、「すべての人々、すべての国々のより良きウェルフェア」を目指す、という「強い信念」が、示されている。OECDの「規制改革」やMAI(案)に全く欠けていた、「社会(世界)全体の利益」を重視する内容である。

ちなみに、「eクオリティ」という「言葉」には、電子商取引の「質」を重んずるとともに、「平等(イクオリティ)」を重視するという、この文書の基本精神が示されている。まさに画期的なペーパー、なのである。

今後は、「サプライ・サイド」の利益確保に一方的に偏っていたOECD(やWTO)の、これまでの営みを、根本的に反省し、「社会全体の利益」を重んずる方向への、大胆なシフトが必要である。それなしには、世界貿易体制にはハード・ランディングしかない（単なる骨折で済めばまだよい）、というのが私の見方である。

◈「シアトルの挫折」と二〇〇一年一一月の第四回ＷＴＯ閣僚会議

一九九九年一一月三〇日からシアトルで開催された、第三回ＷＴＯ閣僚会合は、周知のごとく挫折した。一部の過激なＮＧＯの行動ばかりがクローズ・アップされたが、本質は別なところにある。既述のＭＡＩ交渉の挫折に象徴されるような、「サプライ・サイド」一辺倒で、端的に言えば先進諸国の（しかも大企業の）利害ばかりを、「自由化」の美名の下に追求する、というＷＴＯの在り方が、もっともっと深いところで、問題とされたのである。

ＷＴＯ体制下では、「非貿易的関心事項（ノン・トレード・コンサーンズ）」の問題が、どんどん大きな問題となって来ている。「貿易自由化がすべて」という表向きのＷＴＯの在り方（そこに、「歪んだ競争概念」が潜んでいることは、既に若干示した）からは、こうした表現となる。

だが、この問題の本質は、「貿易（や投資の）自由化」だけでは割り切れない社会的・文化的、等々の問題が多々あるという、私からすれば当たり前のことが、従来のＧＡＴＴ、そしてＷＴＯ体制の下では十分に反映されて来なかったこと、にある。既述の「ｅクオリティ・ペーパー」には、この点についての重大な挑戦、としての意味もあるのである（経済産業省は二〇〇一年に、「エネルギー」についても、各国の事情等を十分に勘案すべきだ、等の正当な主張を含むペーパーを、ＷＴＯ向けに出している）。

それでは、二〇〇一年一一月に、カタールのドーハで開催された第四回ＷＴＯ閣僚会議では、どうだったのか。同年一一月一四日に採択された、同会議の基調を示す閣僚宣言の第三項では、相も変わらず途上国の「マージナライゼイション（疎外化）」という言葉（既述）がある。要するに、基本的な反省の念が、無いに等しい。それら途上国を「ヘルプ」して、世界貿易体制（WTO体制）から落ちこぼれないようにしよう、ということである。

それともう一点。「キャパシティ・ビルディング」という言葉が、昨今WTO体制下で、多用されるようになって来た。日本政府も、アジア諸国の「キャパシティ・ビルディング」のために尽力している、と言われる。だが、それは、アジア諸国に対し、複雑な構造を持つWTO諸協定を「学習」させ、それを「遵守」できるようにさせてあげようといった、上から見下《くだ》した発想からのものである。もっと大事な事があるはずである。肝心のWTO体制の根幹が、（金儲けのみに執着する特異な）「白蟻」の巣によって、既に大きく蝕まれていることに対し、勇気を持って、なぜもっと体系立った主張をしないのか。私は、そう思うのである。

◈WTO次期ラウンドに先行していた「グローバル寡占」への道

実は、この第四回WTO閣僚会議で本格化することになった、WTO次期交渉（ラウンド）に、はるかに先行し、「グローバル寡占」への道が模索されていた。一九九五年一月一日成立のWTO体制、具体的にはGATS本体の中に、「隠し球」とも言える規定（GATS六条四項）があり、本書でも既に若干示したが、「会計」分野を「先兵」としての「更なる自由化」のための営為が、なされて来ていたのである。

「会計」分野は、アングロサクソン系の数社により、既に「グローバル寡占」が最も進行していた産業分野である。その「会計」を模範に、とりあえず弁護士・税理士等々の、いわゆる「自由職業（プロフェッショナル）サービス」分野での、「更なる自由化」が、検討されて来ていたのである（石黒・グローバル経済と法三七頁以下、二四一頁以下、三六六頁以下）。

既に一九九八年一二月に、「会計セクターにおける国内規制に関する規律」が作成された（同・二四一頁以下）。その内容は、まさに微に入り細を穿つがごとき、各国国内規制への不平不満の、オン・パレードといったものである（取り上げるべき国内規制のピック・アップの仕方に、そもそも問題がある。こうした営為にあっての、私が考える最も重要な視点は、同・二五三頁に、枠で囲って明示してある［!］）。だが、一層の問題は、WTO体制下でこの作業に当たっていた、「自由職業サービスに関するワーキング・パーティー」の名称が、何と「国内規制作業部会」と改称され、いわば格上げされたことである（石黒・グローバル経済と法二四三頁）。その意味するところは、既述のOECD「規制改革」報告書との一層の連動（!）、である。いずれそうなることを私は予言し、関係者に再三注意するよう、申し入れていたのだが。

◆OECDの「規制産業の構造分離」報告書（二〇〇一年）と「規制改革」

こうして、話はまたしても暗い方向に向かう。日本経済を滅茶滅茶にしたゾンビ達（後述）が暗躍した、既述のOECD「規制改革」報告書を受けて、OECD「事務局」サイドが（表向きには）リーダーシップを取り、二〇〇一年三月に、OECDの「競争法・政策委員会」で「規制産業の構造分離」

報告書が「了承」された。そして、その内容が、同年四月のOECD理事会で、「勧告」として採択されてしまったのである（以下の論述につき、石黒・貿易と関税二〇〇二年四月号の連載論文参照）。

「規制産業（レギュレーテッド・インダストリーズ）」で、独占的な「ボトルネック」部門と競争的部門とを併せ持つ事業体は、反競争的に行動する「おそれ」ないし「可能性」があるから「構造分離」を考える、というのがこの報告書の、もともとの発想である。だが、たしかに日本の独禁法八条の四でも、企業の構造分離的措置を取り得る、とあるが、あくまでもそれは、「最後の手段」としてのもののはずである。

「構造分離」にはメリットとディメリットとがあるはずで、その双方への目配りが、十分になされたのかが問題となる。その点についての実証分析は、驚くべきことに、本「報告書」において何らなされていない、のである。

そもそも、なぜいきなり「構造分離」なのか。実は、この報告書を詳細に検討すると、既述のOECDの「規制改革」報告書と同様の、実に杜撰な点が、目に余るものとして、個々的に、そして全体として、明らかになる。但し、この突飛な報告書、そして「勧告」自体は、各国に規制産業の（垂直的）構造分離をせよ、と言っているのではない。その利害得失を検討せよ、とするにとどまる。

もっとも、「MAI交渉の挫折」と同じような展開があったことは、一言しておく必要がある。フランス政府は、競争政策上の問題として、いきなり規制産業、とくにそこにおける支配的事業者の「垂直的構造分離」（電力会社であれば、発電・送電・卸・小売の各部門を分離し、別会社と「させる」こと）を志向する事自体がおかしいとして、その旨の自国の見解を、報告書に明記させた。その上で、以後、

「恵み深い無視（ビナイン・ネグレクト）」をしたのである（ＭＡＩの場合は「条約」、即ち法的拘束力が伴うがゆえに、フランスとしても座視し難く、行動に打って出たのである！）。

基本的な問題についてのみ、一言しておこう。この報告書が「構造分離」にこだわる理由は、何と（！）、事業規制官庁であれ、公取委のような競争当局であれ、「規制産業」に対して、日々、規制・監督の目を光らせるのには「コスト」がかかるし、面倒だからぶった切れ、との点にある。そんな馬鹿な、と思いたいのは山々だが、事実である。

後述（次章）の、日本の「規制改革」の流れにおいても、「事前規制」から「事後規制」への転換が、基調をなしている。だが、ＯＥＣＤのこの報告書はそうではない。いきなりぶった切れ、である。フランスの明確な反発もあって、「構造分離の利害得失について検討したらいかがですか」、というあたりで落ち着いたのが、この報告書であり、「勧告」なのである。

もともと、ＯＥＣＤの「規制改革」報告書にも、規制の緩和・撤廃と共に、支配的事業者が居たら、その国に参入する側の国の企業の邪魔になるから、その国の支配的事業者はがっちりと抑え込んでおけ、とのニュアンスが強く伴っていた（石黒・法と経済一七〇頁以下）。既述のＷＴＯ基本テレコム合意における「レファレンス・ペーパー」の、あの「競争セーフガード」と同じ、歪んだ発想である。それを全規制産業（郵便・テレコム・エネルギー・運輸、等々）について、しかも「構造分離」という形で、最もドラスティックに示すのが、この報告書なのである。とんでもない話である。

◆「カリフォルニアの電力危機」とＯＥＣＤ「構造分離」報告書

この「構造分離」報告書のとんでもなさを、一点だけ例示しておく。二〇〇〇年夏から二〇〇一年前半にかけて、カリフォルニア州で大規模な電力危機が生じたことは、日本でも大々的に報道された。そのカリフォルニア州は、電力産業の垂直的構造分離を断行した州の一つでもある。発電・送電・卸・小売の各部門を分離させ、間に電力の売買をする「市場」を、人為的に作ったのである。

だが、それが必ずしもうまく機能せず、かつ、「環境保護（排出物削減）を市場原理で」との方針の下に、別途設けられていた「排出権売買」の制度（「規制枠」を越えた事業体は、市場から、「排出権」を購入して来い、ということを骨子とするそれ）が、更なる足枷となり、かくて大停電が起きた。

問題処理のため、同州が大量の公的資金を導入して、当面の危機を打開したが、将来的にもそれで済む問題かが、多いに懸念されている、というのが実際である（電力の場合にも、アメリカのすべての州でこのような制度が導入されている訳ではない。また、市場に委ねた結果、大きな歪みが出て州政府がきつい規制を別途かけざるを得なくなる、といった展開は、アメリカの自動車の任意保険の分野でも繰り返されて来たことである。石黒・日本経済再生への法的警鐘一三二頁以下の「残余市場」の問題である）。

ところが、である。ＯＥＣＤ「構造分離」報告書は、前記の「カリフォルニアの電力危機」について、一切言及していないのである。しかも、アメリカの電力産業は連邦と州との、若干入り組んだ役割分担の下に規制がなされているが、なぜかアメリカの「電力」について、連邦の話ばかりをコラムで紹介したりしている。都合の悪いことには触れずに、「構造分離」という言葉だけをギラつかせるそのやり方は、アンフェアとさえ言えるものである。

◆「日米電力摩擦」（二〇〇一年五月―）と「金融工学」

アメリカのエンロン社が、二〇〇一年五月一五日に、ＯＥＣＤ「構造分離」報告書そのままのような、またＵＳＴＲさながらの、対日要求を行なった。日本の電力産業（従来は地域独占型。最近「部分自由化」がなされた）に対し、以下の改革をせよ、と要求したのである。即ち、電力会社を垂直分割して持株会社化し、発電部門は複数に分割し、電力会社に一定の電力供給量を義務として「競売」（！）にかけさせろ、云々の主張である。まさに、「カリフォルニアの電力危機」の「構造」をモデルに、日本の改革をせよ、ということである。

このエンロン社の対日要求に、次の項目があることに、最も注意すべきである。即ち、「電力会社による供給エリア内における発電設備の新設を原則禁止」せよ、との項目である。この点を見て、おかしいと気付かないか。

日本の電力供給は二〇〇一年夏も、殆ど供給限界に達していた。安定的な電力供給（「信頼性」の確保！）のためには、環境改善・発電効率の一層の向上のための、十分な「研究開発（Ｒ＆Ｄ）」を伴う供給力アップが、日本では常に急務とされていたはずである。なのに、発電設備の新設を禁止する、とは何事か。

だが、ここに「金融工学」の手法の、非人間性・反社会性が如実に示されている、のである。要するに、電力について「市場」を新設し、そこで儲けさせろ、というのがエンロン社の本音である。エンロン社自体がこうした「金融工学」の手法で急成長し、そして最近破綻して、ブッシュ新政権にも相当なダメージを与えていることは、もはや周知のことである。

つまり、エンロン社の主張は、電力について、円・ドルや株と同様の市場を作れということである。そして、そこで「金融工学」の手法を用いて「売った」「買った」の投機まがいの取引を行うことが、前提とされている。株や円・ドル等もそうだが、価格の乱高下がなければ、儲けようとする人々には魅力が少ないことにも、注意せよ。電力料金も、そうした売り買いの対象になることになる。

それでは一般消費者の電力料金はどうなるのか。カリフォルニア州の場合には、小売価格が凍結されていたために大手電力会社が破綻した。だが、それでは小売価格も市場に全面的に委ねるとなったら、一般消費者は、一体どうなるのか。そこを考えるべきである。

本書において、環境改善のための、と称する「排出権売買」については、既に、旧通産省の研究会での私の体験に即して一言してあるが、電力の場合も同じである。こうした場面で「金融」が登場すること自体、ユーロ市場（域外通貨市場）中心に二〇年以上国際金融を研究して来た私としては、複雑な思いを抱く。

◆エネルギー問題とWTO次期交渉、そして……！

エンロン社自体は倒産したが、すぐ次が現れ、対日要求を続けている。しかも、WTO次期ラウンドでは「エネルギー」も交渉の対象となる。そうした動きに先制攻撃をかけるべく、経済産業省は、WTO向けに、既述の「eクオリティ・ペーパー」と同様の、重要な意義を有する「エネルギー・ペーパー」を出した。産構審の『二〇〇二年版不公正貿易報告書』にも、それが紹介されているが、現物をネット上で検索した方がよい。

要するに、電力等のエネルギー産業の在り方については、各国でさまざまな試みがあるが、「カリフォルニアの電力危機」に象徴されるように、何がベストの処方箋かは一律に判断出来ず、各国固有の諸事情を十分に勘案すべきだ、というのがその骨子である。正当である。

ところが、ＯＥＣＤの「事務局（！）」が、二〇〇一年九月に、既述のＯＥＣＤの「勧告」の線をはるかに踏み越え、あたかも「規制産業の構造分離」を「すべきだ」とするかのごとき「ポリシー・ブリーフ」を、出したいと言い出した。経済産業省側は、（私も後に居たことは事実だが）「おかしいじゃないか！」と、詳細なクレイムをつけようとした。だが、外務省・公取委の連合軍に「阻止」されてしまった。経済産業省（旧通産省）に「二つの顔」があるという、既述の点も、これと関係する（以上につき、石黒・貿易と関税二〇〇二年四月号六四頁以下参照）。

そして、実は、極めて杜撰なＯＥＣＤ「構造分離」報告書を踏まえたかのごとき形で、二〇〇二年三月現在も、各種審議会等で「構造分離」問題が、「日本の構造改革」と関係付けられて（何と「物価安定会議」も含めて――電力の小売料金に関する既述の指摘を想起せよ。一体、何を考えているのか！）、かまびすしく議論されているのである（第二次大戦中の日本における、電力の強制的構造分離の失敗、そして第一次大戦以降の、まさに損保の場合〔石黒・日本経済再生への法的警鐘一三七頁以下〕と対比すべき電力会社乱立による混乱については、「公研」〔公益産業調査研究会〕二〇〇二年五月号六八頁以下〔太田宏次〕を見よ。ここでも〝歴史の教訓〟に照らして考えるべきである！）。

かくて、次章においては、長引く不況下で「国際的視座」を失った「羅針盤なき日本」の中において、一体いかなる問題がここ数年生じて来ていたのかを、論ずることとする。常に、本章で論じた諸点を念頭に置いて考えることが、最も重要なことであることを、念のため指摘しておく。

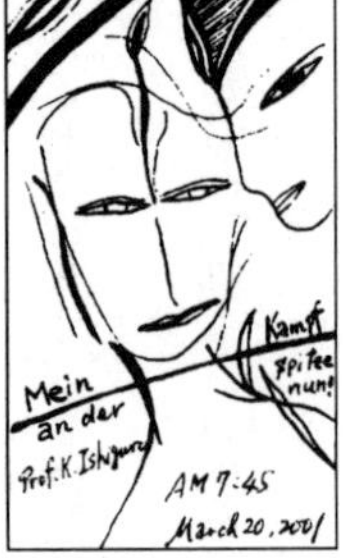

第二章　「行革・規制緩和の嵐」とその後
――我々が目指すべき社会と人間像――

◈「行革・規制緩和の嵐」（一九九七年）と私

一九九七年という年が「国際的視座」からしていかなる年であるかは、前章で示したとおりである。この年の日本では、まさに「行革・規制緩和の嵐」が吹き荒れた。

前章で論じたＯＥＣＤでのＭＡＩ交渉について、私が（その条文案に基づいて！）批判をすると、「投資の自由化をしてどこが悪い」、との寂しい一般論で反論されたりしたが、同じことが、「行革・規制緩和の嵐」を批判する私に対して、一層激しく、個人攻撃的になされた。それはもう、「踏み絵」のように、である（「象徴としての郵政三事業民営化問題」については、石黒・法と経済二三七頁以下、同・日本経済再生への法的警鐘二四一頁以下、同・貿易と関税二〇〇一年一二月号二五頁以下。全国三三〇〇の地方議会の九八％を越す反対、全国知事会、全国都道府県議会議長会、全国町村会等々の一致した反対がありながら、郵政三事業民営化が断行されようとしたことを、忘れてはならない。一方では地方分権が叫ばれながら、「地方［地域社会］の声」が、みごとに無視されていたのである。同・日本経済再生への法的警鐘二五八頁の表を見よ！）。

かつて私は、「一滴の血もとどめずに踏絵板」という俳句を作ったが、「行革・規制緩和の嵐」を批判すると、まさに「踏み絵」をさせられたあとのような感じになったのである。だから私は、『法と経済』という本の執筆を決意し（但し、それは『法vs.経済』としてのものである）、まさに「研究者としての生命を賭けて」（石黒・法と経済二四五頁）、一九九八年の夏、実質一三・五日で一気に執筆、脱稿したのである。

一九九七年前半の日本では、とくにその嵐をおさめようとすること自体が、非国民のように指弾された。ところが、一九九七年夏にアジア経済危機が発生した。それだけでは、島国日本にとって「遠い国々での出来事」だったが、同年秋以降、今度は日本国内に火がついた。

そうしたら、一体何が起きたのか。それまで「規制緩和」・「小さな政府」を連呼していた経済学者達（殆ど新古典派経済学に支配されているのが、現在の日本の近代経済学である）の発言が、急に「風向き」を変えた。「闇雲な規制緩和は問題だ」と言ったり、これまで「小さな政府を」と叫んでいたまさにその口から、「政府はなぜ財政出動をしないのか」との発言がなされるに至った。

実はこうした「風見鶏」的な対社会的発言は、ある意味で経済合理的ではある。その時々の、マスコミ等が食いつき易い話題に、最も効率的に、彼らが対応しているからである（同じことは、日米通商摩擦に対する彼らの対応についても見られた。石黒・法と経済五頁以下、同・五六頁以下と対比せよ）。

だが、良識的な経済学者（多くは名誉教授クラス）からは、私と同じリアクションが出始めた。こうしたことでは、経済学それ自体の「アカウンタビリティ（説明責任）」が問題となる、ということである（石黒・法と経済五頁以下）。日本社会には「価格破壊」が必要であると強調していた論者が、「価格破壊」の騎手的企業の倒産や、その後の日本の「デフレ・スパイラル」の中で何を言っているのかも、これと深く関係する。

◆「行革・規制緩和」の指導原理は？

「民間のやれることを国（政府）が行うことは問題であり、また、政府規制で企業の自由を縛ること自体が問題だ。だから極力すべてを市場原理に委ねろ。政府自体が肥大化していることも問題だから『小さな政府』を目指せ。」——これが、小泉政権の「聖域なき構造改革」に至るまで、一貫した（！）指導原理になっている事柄である。けれども、それは、どこから理論的に（！）もたらされることなのか。一般には、経済学の理論からして当然そうなるのだから、といった誤った理解がある。

だが、それは、新古典派経済学の厚生経済学第一定理・第二定理を、そこに付された数多くの仮定をすべて取り去った上で、単純化して示した上でのものに過ぎない（以下の論述につき、石黒・法と経済二二五頁以下参照）。昨今の日本では、「政府（規制）の失敗」ばかりが強調されるが、失敗「し得る」のは「政府（規制）」だけではない。「市場の失敗」も起こり得る。それなのに、様々な「仮定」を一切度外視した上で、「資源配分の効率性」の観点からして「市場にすべてを委ねるのがベスト」的なことが、安易に言われる。

それでは、例えば「情報の完全性」の仮定など、一体どうなるのか。経済活動だけを考えても、市場参加者が他の者の、そしてその市場の、すべての情報を「完全に」有していることなど、現実世界ではあり得ない。普通の人間関係でも、家庭内でも、そうであろう。そして、「情報の不完全性」があれば「市場の失敗が起こる」、ともされている（同・二二五頁）。だったら、なぜ「政府が介入すると必ず失敗するから市場原理に委ねろ」などと、単純に言えるのか。これは、全くおかしなことなのである。

◆「聖域なき構造改革」と「国民の痛み」

以上は、「競争的な市場の効率性」に関する、新古典派経済学の厚生経済学第一定理についてだが、その第二定理は、「分配（所得再分配）」に絡むものである。資源の「配分」と所得の（再）「分配」とは、区別されて論じられるのである。

（仮定をすべて取り払った上での）前記の第一定理によって、市場原理に基づき「資源配分の効率性」が達成されたとして、その後の問題をも扱うのが、この第二定理である。新古典派の議論では、「パレート最適（パレート効率性）」という用語が用いられる。市場に委ねれば「見えざる手」で最適な均衡点に達する、ということをこう呼ぶ。

だが、その均衡点（「パレート最適」）は複数存在する、ということが重要である（これを「マルティプル・パレート・オプティマ」の「ディレンマ」〔!〕、と言う。石黒・法と経済四四頁注39）。そのどれが本当に最適なのか。そこまで論ずる必要があるのに、現実には「市場に委ねろ」、で終わりとなる。

ともかく、新古典派経済学の厚生経済学第二定理では、市場に委ねればパレート最適が達成され、その後は、「一時払い方式での所得の再分配」さえすればよい、とされる。そこにおいて、重大な社会的問題が、一言で切り捨てられていることに、注意すべきである。即ち、最近は、WTO体制との関係でも「セーフティ・ネット」という言葉が用いられる（石黒・グローバル経済と法三七二頁）。国内での「構造改革」論議においても同様であり、市場原理の徹底によって生じるもろもろの社会的問題を救う手段、というような意味である。

「改革の〝痛み〟を全国民で分かち合おう」などと、最近はよく言われる。その「国民の痛み」がどれほど深刻かを、理解していない（理解したくない）人々の言として、である。そして、この「痛み」云々との関係で、「行革・規制緩和」、そしてその延長としての「聖域なき構造改革」の理論的バックには、前記の新古典派経済学の厚生経済学第二定理がある。しかも、例によって、すべての「仮定」を捨象した上での、「モデルの世界から現実世界への不当な逆流現象」が、生じている。

もっと問題なのは、新古典派経済学者達が、この「分配」の問題を、あまり具体的に語ってくれない、との事実である。驚くべきことに、「改革をやってみなければ分からないのだから」、というのが彼らの本音なのである（石黒・貿易と関税二〇〇一年一〇月号四三―四四頁を見よ）。

そこから逆算して考えて見るべきである。「規制緩和すればすべてが薔薇色」というのは、本当に真実なのか、ということである。答は、明確に否、である。

◆「バブル経済崩壊へのプロセス」からの教訓

今日の日本経済の深刻な状況とも直結する例を挙げよう。中曽根政権の頃、不動産に対する極端な規制緩和が、急に行われた。当時の中曽根「民活（民間活力の利用）」政策の一環としての意味合いもあってのことである。だが、そこから、我も我もと不動産投資に走り、不動産バブルが生じ、そして、私の『法と経済』執筆開始への直接的な引き金ともなった、「町の虫食い」状態までが生じた（石黒・

法と経済二四五頁)。

この不動産規制緩和が、一九九二年から続く日本の金融危機・経済不況の直接の原因であるとし、一九八〇年代からの過剰な(歪んだ)金融規制緩和と、この(規制緩和という!)「政策」が、実はアメリカとの貿易摩擦解消のために推進された、との正当な指摘を、我々は、忘れるべきではない。東京大学「経済学部」宇沢弘文名誉教授の指摘である(石黒・法と経済三六頁以下)。

ここで、更に想起すべきは、前章で論じた、「タイの金融危機」の原因に関する問題である(同・三五頁以下)。自由化・規制緩和をすればすべてが薔薇色、との前提で、しかも、自由化への「外圧」の下に、結局は大きな危機がもたらされた。このタイの状況と、日本の中曽根政権時代の出来事とを、重ね合わせて考えることが、どうして出来ないのか。すべてを国内問題としか考えられず、現下の不況(デフレ・スパイラル)についても、日本の「国内」しか見られない、「羅針盤なき日本」の悲劇が、ここにある。

◈ニュージーランドの「奇跡」と「悲劇」

さて、一九九七年の「行革・規制緩和の嵐」の当時、橋本政権下で、日本における改革の模範とされたのは、実はニュージーランドであった(それに先行する、産構審のいわゆる基本問題小委員会での論議——その報告書が出された当時は橋本通産大臣であったことに注意——については、石黒・通商摩擦と日本の進路二九九頁以下)。その橋本政権の方針が小渕・森、そして小泉政権に引き継がれて二〇〇二年に至っているがゆえに、一層、ニュージーランドで一体何が起きたのかを、慎重に検証しておかねばならない（石黒・法と経済二〇五頁以下、同・日本経済再生への法的警鐘一六二頁以下、そして同・貿易と関税二〇〇一年一二月号二六頁以下）。

ニュージーランドでは、一九八四年に、労働党政権の下で「構造改革」が開始された。当時、同国は深刻な外為危機の中にあり、膨大な財政赤字をどうするかが、深刻な問題となっていた。だが、そこでとられた手段は、実に単純であった。当時のニュージーランドには国営企業が多数あり、それらを「民営化」し、それらの国有資産（全国民の資産！）を民間に売却することで、赤字を埋めようとしたのである。その際、徹底した新古典派経済学「的」な論理が、教条主義的に援用された。まさに、「聖域なき構造改革」の断行、である。

だが、労働党政権の時には、さすがに「労働市場の流動化」（言い方は奇麗だが、その実、労働者の首切りが自由自在に出来るようにすること）までは、出来なかった。それをも断行したのが、一九九〇年からの、国民党による改革の続行と更なる徹底である（あらかじめ一言しておけば、同国では一九九九年に政権交代があり、もはや『市場が社会を支配するような過ち』は繰り返さない、ということが、ともかくも基本方針となっている。だが、もはや遅すぎた反省、と言うべきであろう）。

かくて、一九八四年から一九九九年までを同国の改革の時期と考えた上で、そこで何が起きたのか、また、なぜ同国の試みが日本での参考とされ得たのかを、検証する必要がある。

◆ニュージーランド改革の「コインの両面」

現在の全人口三八〇万人の国たるニュージーランドは、二つの点で諸外国の模範となって来た。世界で初めて福祉国家宣言をしたこと、そして、世界で初めて婦人参政権を認めたこと、の二つである（石黒・日本経済再生への法的警鐘一六三頁）。そして、国家の成り立ちとしては、マオリの人々と白人との間で、対等（平等）な立場で一八四〇年に「ワイタンギ条約」が結ばれ、それが国家存立の基本として今日に至っている、ということも、重要である（同・法と経済二〇七頁）。

ところが、すべてを市場原理で語ろうとする一九八四年からの改革（まさしく市場原理主義［市場原理至上主義］によるそれ）の結果、社会・文化・政治、そして経済も、実に深刻な問題を抱えるに至ってしまった（同・日本経済再生への法的警鐘一六五―一七一頁を見よ！）。だが、そうした点は、殆ど日本では報道されることもなく、また、日本での改革も、当時のニュージーランド政府の、すべてうまく行っているという、対外プロパガンダ的文書をベースとして進められた（事実である！）。

例えば失業率の問題を挙げよう。ニュージーランドでは、週に一時間パートで働いたら、もうその人は失業者ではない、とのおかしな扱いがあるが（石黒・日本経済再生への法的警鐘一六七頁）、それはともかくとしても、失業率に、大きな人種差が生じてしまった（白人失業率はマオリや太平洋諸島出身者の三分の一から四分の一）。それ自体、ワイタンギ条約との関係でも、重大なことである。

だが、それよりも、現実には、わずかな大都市部はともかく、お金が無くて学校に通えない児童が多数出て来て、キリスト教の団体が何とかしようとしたが、資金不足でギブアップする、等の事態が続出した。犯罪率もアップし、所得の不平等はどんどん拡大し、他方、福祉予算にも市場原理が徹底導入され、かくて、実質上、世界で初めての福祉国家宣言をしたニュージーランドは、もはや福祉国家たることを、実質放棄した状況となってしまった。売却した国有資産や国営企業を買ったのは、多く欧米、そしてオーストラリアの企業であり、教育も市場原理で語られ、大学の数学研究所が、金銭的リターンが期待出来ないからと、廃止されたりもした（最後の点については、同・貿易と関税二〇〇一年一二月号二七頁）。そして、まさに「人間の尊厳」が問われる深刻な状況が、現出することとなったのである。これは「悲劇」、なのである。

だが、こう述べて来ると、不況下の日本で「聖域なき構造改革」が断行されることによって、今まさに日本国内で生じつつあることと、このニュージーランドの惨状とが、ダブって見えないか。そこが、最も大きな問題のはず、なのである。

間違いなく日本は、悲惨なニュージーランド改革の後追いを、自ら好んで、しているのである。しかも、ニュージーランドの二大政党がともに「構造改革路線」を突っ走ったのと同様、現在の日本でも、国民に政治的選択の余地が実際上ないことまで、そっくりである。

なぜニュージーランドの「聖域なき構造改革」が注目されたのか？

すべてを「経済」（要するにカネ）で考えたがる昨今の風潮からは、「でもニュージーランドの経済はどうなのか？」との問いかけが、なされるであろう。実は、そこにもカラクリが、あったのである。

ニュージーランドのサクセス・ストーリーが、広く世界のマスコミで取り上げられたのは、一九九五年のことであった（石黒・日本経済再生への法的警鐘一六三頁）。だが、それは、経済成長の「率」だけを見てのことであった（同・一六四頁、同・法と経済二〇六頁の図を見よ）。一九九二―九四年あたりのＯＥＣＤ加盟諸国の平均経済成長「率」が鈍化していたのに対し、この時期、ニュージーランドのそれは、まさに急峻なマッターホルンのように、高く聳えていたからである。そして、端的に言えば、それだけが、理由であった。

だが、ＯＥＣＤ「規制改革」報告書の「航空の安全」に関する指摘と同様の問題を、ここで指摘出来る。そもそも、この時期だけを見るとしても、この経済成長「率」の高さと、同国の一九八四年以来の「構造改革」とを、なぜ直ちに結び付ける事が出来るのか、ということである。再度、「因果関係」が、問題となる。

実は、経済成長「率」だけで見れば、一九八〇年代始めの、同国での改革「前」の時期に、ＯＥＣＤ諸国の平均が殆どゼロだった頃（一九八一・八三年）、ニュージーランドの経済成長「率」は、やはり群を抜いて高かった。そして改革開始後、一九八六年から一九九二年までギクシャクしながら低落し、急に一九九三年から一九九四年にかけて、前記のマッターホルン状態となったが、「サクセス・ストーリー」が世界に谺した一九九五年には既に、まさにマッターホルンの頂上の裏側がそうであるように、ぐっと落ち込んでいた、のである。

これは、単純な「景気循環」によるものではないか、との推測も可能である。また、そもそも、経済成長の「率」だけを見て、どこまでのことが言えるのかも、問題である。恣意的な数字やデータの取り方がなされるのは、別に日米通商摩擦の場合のアメリカ側（一例として、石黒・通商摩擦と日本の進路九二頁、九五―九九頁を見よ）ばかりではない。我々は、新聞等で、結果のみ表として出される「数字」等に幻惑されることなく、それが出されるプロセス（！）に、常に注意せねばならない（石黒・法と経済一九二頁以下、同・グローバル経済と法二五八頁以下、二八一頁以下、等を見よ）。

アジア経済危機に際してのＩＭＦの処方箋

ところで、ここでどうしても一言しておくべきことがある。それは、一九九七年からのアジア経済危機に際して、ＩＭＦ（国際通貨基金）が危機諸国に対してとった行動について、である（石黒・法と経済三三頁以下）。

危機に瀕した諸国に対して、ＩＭＦが救済のための融資をする際、様々な条件を付ける。これを「ＩＭＦコンディショナリティ」と言う。その際、何故かその国の措置として通商問題化しつつあったものが名指しで、「改革せよ」、とされたりもするが（同・四七頁注70）、それは、ここでは措く。

問題は、ＩＭＦの示す「処方箋」が、基本的にどこの国に対しても一緒であって、要するに、新古典派経済学的な単純なテーゼによる「構造改革」が要求されることである。この点は、開発経済学という経済学の一分野からも、つとに批判されていたことである（同・三三―三四頁）。

別な言い方をすれば、経済以外の社会・政治・文化等の諸要素はすべて捨象され、従って各国の置かれた具体的な状況の如何にかかわらず、いわば「時間軸」を欠いた形で、財政赤字削減、補助金廃止、金利や価格の自由化等々の、お定まりの「ＩＭＦコンディショナリティ」の内容が、まるで「藪医者の処方箋」のように提示されたのである。

そのために、かえってアジア諸国において一層の経済的(!)混乱が生じ、深刻な暴動や政情不安にまで至ったことは、記憶に新しい（はずである）。そして、アジア経済危機の場合には、かつては新古典派経済学一色だった世銀側からの、ＩＭＦに対する批判までがなされた。

そして、この世銀からのＩＭＦ批判の中核に、日本が「行革・規制緩和の嵐」の中にあった一九九七年に出された、既述の「アメリカ経済白書」作成の中心人物たる、ジョセフ・スティグリッツ教授が居た。ジョセフ・スティグリッツ教授と言えば、その「教科書」の邦訳を通して、新古典派経済学者の代表のように、単純に考えている経済学者が日本に居ることには、驚かされる。

だが、同教授は、一九九四年に『社会主義はどこへ？』との題名の著書を発表し、既述の「情報の不完全性」の点も含め、新古典派経済学の体系に対する徹底批判を行い、同時に、前章で論じた「コンテスタビリティ理論」（「貿易屋」によって「ハイジャック」されたボーモルの理論）をも、強く批判していたのである。そして、全く偶然に私がその本を手にしたことが、『法と経済』執筆への私の自信を、与えてくれた（石黒・法と経済二四五頁）。

◆規制改革・自由化の自己目的化？

ＡＰＥＣ向けの私の報告書でも書いたことだが、経済学における最も基礎的な問題として、「規制改革」や「自由化」は、それ自体が目的なのではない。それは、より良きウェルフェア実現のための、手段の一つに過ぎない（石黒・貿易と関税二〇〇一年一月号四九頁以下）。

スティグリッツ教授は、タイの金融危機に即して、（外圧によって）「小さくなり過ぎた政府」こそが問題だったのであって、「危機に直接関係した方策の範囲を超えて社会的価値観に関わる事柄にまで［改革への要求が］及んでしまうと、かえって問題が生じる」（石黒・法と経済三五頁）、ともしておられる。既述のＩＭＦコンディショナリティの問題である。

スティグリッツ教授は、旧ソ連圏の東欧諸国でも、新古典派経済学の「処方箋」によって、かえって混乱が増幅された、とも論ずる（同・四三頁注37）。この東欧の問題が、『社会主義はどこへ？』と題した同教授の前記の著書における、徹底した新古典派経済学批判の根底には、あるのである。そして、その著書の結論として、「もっと人間的で平等な社会」を目指すべきだ、とされている（石黒・貿易と関税二〇〇一年二月号三〇頁参照）。

ニュージーランド改革の悲惨な実情を切々と訴える同国のジェーン・ケルシー教授もまた、「人間の尊厳」に言及していたこと（既述）を、我々は、ここで想起すべきである。つまり、新古典派経済学的な「市場原理主義（市場原理至上主義）による人間の尊厳の否定」、である（石黒・法と経済二〇七頁）。

◆「価値判断」と新古典派経済学

実は、日本の近代経済学の主流たる新古典派経済学内部において、二〇年近く前には、方法論的な「反省」の時期があった（石黒・法と経済二二頁以下）。即ち、「価値を扱う術を持たない経済学」への反省、である。だが、同時にそこでは、「効率性の追求」それ自体も純然たる「価値判断」だ、との自己批判も、正当になされていた。その通り、である（しかも、問題の中核たる「効率性」も、どの視点から問題を捉えるかによって、答えが違って来る。同・四九頁注86）。

近代経済学、とくに新古典派経済学は、「価値判断」と訣別し、数式とモデルの世界に閉じこもり（但し、経済学者の言う数学が、数学者から見て本当に数学たり得ているか、の問題はある）、それによって「科学」としての地位を得た。だが、それによって失われてしまったものへの反省が、二〇年近く前に、なされていたのである。だが、新たな道を模索する道は袋小路に突き当たり、そこから「もと居た場所」への「逆戻り現象」が、生じることとなった。規制緩和・規制改革、そして構造改革の波に乗り、彼らが対社会的、つまり現実世界への強大な発言権を獲得したのは、実は、この「逆戻り現象」を経た後のことだったのである。

◈「公正」と「効率」

実は、前記の「反省」の時期に新古典派経済学が突き当たった壁が、「公正」の問題であった（石黒・法と経済三八頁以下、一二九頁以下、一三九頁以下）。彼らは「公正」と一口にまとめたがるが、そこには「正義」・「衡平（公平）」・「平等」等の諸問題が、一緒くたに突っ込まれている。

しかも、法的（英米法的）には、「公正（フェアネス）」概念は、英米、とくにアメリカ社会、アメリカ法の特性を踏まえた概念であり、そもそも世界全体に通用する普遍的概念たり得るか否かが、問題なものでさえある（同・四九頁注88）。にもかかわらず、前記の「逆戻り現象」後の彼らは、誠に安易に「公正」ないし「公正競争」を口にする。結局「公正」を正しく分析することにおいて、彼らは明確に挫折していたはずなのに、である。

こうした中で、一九九八年のノーベル経済学賞をアマルティア・センが受賞したことは、実に意義深いことであった。そして、二〇〇一年には前記のジョセフ・スティグリッツ教授が、やはりノーベル経済学賞を受賞した。両者ともに、アンチ新古典派の近代経済学者である。とくに、アマルティア・センは、新古典派のように市場万能の「先祖返り」をするのとは違い、「貧困」の問題を直視する、「価値判断」重視の、真のウェルフェア・エコノミクスの構築を目指している（石黒・グローバル経済と法四三三頁以下)。

かくて、本章でこれまで示して来た諸点からも、一体「社会」をどう直視すべきかが、ほかならぬ近代経済学においても、問題の核心となって来ている、ということになる。たしかに、MAI(多数国間投資協定)作成作業を挫折させたのは「欧州市民社会」論だったが、一層深いところにおいて、「欧州」の「市民社会」特有の問題把握を越えて(APECの場で「市民社会[シビル・ソサエティ]」という言葉を用いることは、その「シビル」の語の含みからして、既にしてアジア諸国の側からの抵抗感が大きい。石黒・貿易と関税二〇〇一年一月号五一頁注8[追記]参照)、こうした問題設定が重視されているのである。

私は言いたい。いわゆる「公正」(従って、基本的な社会の在り方に関する問題)に関する十分な分析道具を「科学」として有することにおいて挫折したはずの新古典派経済学者達が、なぜ日本では、堂々と対社会的発言を続けていられるのか、と。彼らのそうした場面での発言は、本当に「科学」ないし「学問」(石黒・法と経済二四三頁を見よ)としての裏付けがあってのものなのか、と。

◆「国内公正競争論」の暴走——NTT問題をめぐって

ところで、日本国内において徹底した規制緩和・規制改革が説かれる中、市場原理主義的主張と共に、前章で論じたOECD・WTOの動きそのままに、支配的事業者への「非対称的規制」、更には「構造分離」までが、実際に、「公正競争」の名において実行されて来ている分野がある。その典型が、情報通信(テレコム)の分野、つまりはNTT問題である。

郵政三事業民営化問題と共に、私はＮＴＴの分割・再編成問題、そしてそれ以降の様々な問題とも、正面から戦って来ている（一九九五年夏以来の、ＮＴＴ再編成［持株会社体制でのそれ。一九九九年七月に、その再編成がなされた］問題については、石黒・貿易と関税二〇〇一年一一月号四七頁以下、同・通商摩擦と日本の進路三六一頁以下）。

なぜ私がそれと戦うかと言えば、まずもって「社会全体の利益」を重んずるがゆえである。他方、「ＩＴ革命」等と言われながら、「技術の視点」が、一連の政策論議に欠如しているから、でもある。更に、実は問題の背後に、常にと言ってよいほど覇権国家アメリカの影があるのに、人々が、ＮＴＴ問題を単なる国内問題としてしか見ていないからでもある。

◈世界的な情報通信高度化への流れ――その火付け役は誰だったのか？

まず、最初に示して置くべきことがある。世界的な情報通信高度化への流れの火付け役は、一体誰だったのか、ということである。アメリカではなく、それは日本、しかもＮＴＴだったのである。

たしかに、クリントン＝ゴア政権下のアメリカで、一九九三年九月に示されたＮＩＩ（全米情報通信基盤）構想や、翌九四年三月にゴア前副大統領が示したＧＩＩ（世界情報通信基盤）構想が、その後の世界を導いて来ているように、一見したところでは、思われる。

だが、実はゴアは、日本のＮＴＴが一九九〇年に発表したところの、二〇一五年までの全国津々浦々までの光ファイバー化を含む、ＶＩ＆Ｐ（ヴィジュアル・インテリジェント・アンド・パーソナル）計画に対して、重大な脅威を抱き、「アメリカが情報通信の分野で日本等に遅れをとっている」との、猛烈なる焦りの念と共に、動き出していたのである（石黒・世界情報通信基盤の構築二六、三〇頁。同・貿易と関税二〇〇一年三月号三九頁以下）。

当初のゴアは、連邦政府主導での全米光ファイバー網の構築にこだわっていた（同・世界情報通信基盤の構築一二頁注3が、その動かぬ証拠である）。だが、副大統領就任後に挫折し、ちょうどその頃「商用化」が始まっていたインターネットに目をつけ、遂には「インターネットこそGIIだ」などという声が、広まって行ったのである（石黒・世界情報通信基盤の構築一二頁以下、同・法と経済二二五頁以下）。

だが、NTTは着実にVI&P計画に沿って進み、一九九七年一二月には、ネットワークの全国ディジタル化完了が宣言された。これは、アメリカがいまだに出来ないで、もがいていること、なのである（石黒・貿易と関税二〇〇一年三月号三七頁）。

◆NTTの技術によるFTTH（ファイバー・トゥ・ザ・ホーム）国際標準化

実は、日本のNTT（グループ）は、世界に冠たる精鋭の研究者達を擁し、インターネットの領域でも、その技術で（ビジネスで、ではない）常に世界をリードして来た。パソコン非介在型のインターネット接続たるNTTドコモのiモードも、いわゆる第三世代（3G）携帯電話の本格サービス開始も、モバイル通信の分野では世界初の快挙であるし、いわゆるIPv6の世界初の商用化も、二〇〇〇年三月に、NTTがアメリカで行なった（石黒・貿易と関税二〇〇一年三月号四一頁以下）、等々の実績がある。

情報通信の世界では、電話局から各家庭までの部分の光ファイバー化が、最も重大な問題となっている。それが、ＦＴＴＨ（ファイバー・トゥ・ザ・ホーム）の問題である（銅線を前提とするＤＳＬ［ディジタル加入者回線］の問題については、既に本書でも言及したが、技術・規制の両面での本質的な問題について、石黒・貿易と関税二〇〇二年五・六月号の連載論文参照）。

ゴアは、既述の如くＦＴＴＨを二〇一五年までに全国展開するという、ＮＴＴの前記のＶＩ＆Ｐ計画に、重大な脅威を抱いていた。そして、全米光ファイバー敷設の必要性を、自分の父親が上院議員だった時代の全米高速道路網整備になぞらえつつ、熱く訴えていた。

ところが、そのＮＴＴが、米・欧・アジアの主要事業者二一社を一つにまとめ、ＮＴＴの技術をベースに、ＩＴＵ（国際電気通信連合）で一九九八年に、ＦＴＴＨの国際標準化をしてしまった（石黒・貿易と関税二〇〇二年二月号四二頁以下）。

そして、そのためのＮＴＴの国際的な活動が本格化した一九九五年に、「ＮＴＴ分割問題」が急浮上し、アメリカのベルサウス社とＮＴＴとの、前記の国際標準化を踏まえた連携プレーが始まった、一九九八年あたりから、「ＮＴＴの接続料金をめぐる日米摩擦」が顕在化したのである（再編成後のＮＴＴ東西の「接続料金」が、ＮＴＴの巨額のＲ＆Ｄの原資となっており、そこを突き崩すことが、アメリカの狙いである。石黒・貿易と関税二〇〇二年一月号六四頁以下）。

これらを、単なる偶然の一致と言えるであろうか（石黒・貿易と関税二〇〇二年二月号四七頁以下）。既述の「ゴアの焦り」から逆算したとき、何かを感じ取れないか。そこが問題である（アメリカ側は、遂に、日本政府がＮＴＴのＦＴＴＨの推進を認めたことが不当だ、とまで言い出している。完璧なジェラシー、である。同・二〇〇二年一月号七五、七七頁)。

◆NTT「グループ」解体論議と隠されていた「地域格差」

二〇〇〇年という年は、一九九七年(「行革・規制緩和の嵐」)と同様、NTT「グループ」を解体すれば日本のIT革命が一挙に進む(更にはNTT全体を海外に売却してもよい)、といった「狂気の風」が、吹き荒れた年であった。私は、文字通り必死に抵抗した。そして、NTT東西やドコモに(前者についてはは更なる)足枷をはめようとする法案を、骨抜きにして、二〇〇一年六月にそのまま国会を通すことに、成功した(石黒・貿易と関税二〇〇一年九月号五七頁以下)。

実は、国民にあまり知らされていないことがある。電話局から各家庭まで(正確には、その途中の、線を分岐するところまで)の光ファイバー敷設率について、重大な都道府県格差がある。一九九九年度末現在の数字で、最も高いのが東京の五八%、最も低いのが奈良県の一五%、である(石黒・貿易と関税二〇〇一年三月号四五頁の図表を見よ!)。NTT再編成があったので、NTT東日本が平均で四一%、NTT西日本の平均は二九%と、東西の差も大きいことが、別途注目される。そこに更に、既述の「NTTの接続料金をめぐる日米摩擦」の追い打ちである。二〇〇五年に前倒しされていた全国津々浦々までの光ファイバー化達成は、誠に覚束ない状況にある。海の向こうで、それを願っているのは、一体誰なのであろうか。

◆ＩＴ基本法の「基本理念」と現実

こうした中で、二〇〇〇年一二月に、いわゆるＩＴ基本法が成立した（正式名称は「高度情報通信ネットワーク社会形成基本法」）。同法三条は、「すべての国民が、インターネットその他の高度……情報通信技術の恵沢をあまねく享受できる社会」を目指す、とする。ＩＴ基本法の「基本理念」は、同法三－九条に示されているが、「ＮＴＴ叩き」の前記の法案は（そして、その前提となった審議会答申も）、それとは別の、「公正競争」オンリーの発想からのものであった。

そして、政府の政策としても、二〇〇五年までの全国ＦＴＴＨ化が既に目標とされているのに、実際には、いわゆる「ＩＴ基本戦略」において、「超高速インターネットアクセス」を「一〇〇〇万世帯」に、「高速インターネットアクセス」を「三〇〇〇万世帯」に、それぞれ提供することが、目標とされている（石黒・貿易と関税二〇〇一年八月号二七頁参照）。

そこに、光ファイバー敷設率についての、既述の、重大なる都道府県格差をインプットして考えよ。「超高速」と「高速」とで、全国民は、与えられるものにおいて、異なった扱い（端的に言えば「差別」）を、既にして受けているのである。大都市部の人々（そして富裕層や大企業）が優先されることは、目に見えている。

せっかくＮＴＴが一九九〇年に、自主的に全国のＦＴＴＨ化を宣言していたのに、度重なる「公正競争論」という、サプライ・サイドに偏った、しかも「時間軸」を欠いた今が今の「公正競争」という、狭隘な視野からの発想（石黒・貿易と関税二〇〇二年三月号、そして五・六月号の連載論文参照）で、すべてが歪められてゆく。私には、そのことが、断じて許せないのである（それが、「真のＩＴ革命の達成と『ＮＴＴ解体論議の愚かさ』――『国内』『公正競争』論議の暴走 vs.『ＮＴＴの世界的・総合的な技術力』への適正なる評価」と題した長大な論文を、私が貿易と関税二〇〇一年三月号以来、一年以上にわたって連載して来ている理由なのである）。

そして、この問題の背後には、本書第三部で示して来たすべての問題が、凝縮して示されていると、私は考えているのである。

第三章　終　章

◈本書［新版］の執筆を終えて

「過度の自信喪失と国際的視座の欠如」——それが現在の日本の社会経済の現実である。「羅針盤なき日本」の現実は、「国際経済摩擦」が（既述の、専ら国内問題と見られがちなNTT問題に象徴されるように）水面下に隠れる傾向にある中で、更に悲惨な方向に向かおうとしている。

本書第三部で、本書初版の執筆（一九九四年夏）以降の内外の動向を扱い、執筆を終えた私の気持ちは、更に暗澹としたものとなっている。

本書初版（この新版の第一部）には、夏目漱石の言葉を引用した部分がある。その部分が、光栄にも、ある年、一橋大学「経済学部」の入試問題の二問中の一問として、出題された。「ボーダーレス・エコノミー論」との関係で論じた部分である。

その本書初版の刊行後、やたら「グローバル・スタンダード」という言葉が流行った（石黒・グローバル経済と法一—三七八頁が、その点に関する私の批判である）。そして、どんどん日本の経済は、そして社会は、暗い方向に落ちて行った。

実は国際問題なのに、それを全くの国内問題と思い込んで議論する人々（NTT問題のみならず、郵政三事業民営化問題にも同様の国際的背景があることにつき、石黒・日本経済再生への法的警鐘二四四頁以下)。そして、いまだに新古典派経済学「的」な市場原理主義(市場原理至上主義)を振りかざしつつ、他方で「公正」を論ずる人々。——やはり、「羅針盤なき日本」、である。だが、今の世の中にかすかに残る「羅針盤」を、意図的に壊そうと暗躍する人々も居る。確かに居る。しかも、「世界全体のそれ」を、である。そのことも、本書第三部で示した。

「希望の光」は、まだ残っている。そのはずである。私は、出来上がった本書新版の原稿を前に、そう信じる。否、そう信じたい。

◆本当のエピローグ?——日本社会の真の国際化と法

本書においては、以上、国際的な、「摩擦」を軸とする検討を行なって来た。だが、それらの諸問題を論ずる前提として、日本という国がどこまで国際化しているのかを検証する必要が、実はある。とくに、「日本社会の真の国際化」を考える上で、日本の法制度上、国際的な問題の広がりを十分踏まえていない点が、あまりに目立つのである。

本書［新版］のむすびとして、本書［初版］の最後に入れようとしたが割愛していた問題を、やはり示しておこう。

例えば、日本の民法上、不法行為を理由として損害賠償を請求する際には、円でしか請求できない、とされる。明治時代の大審院判決(今の最高裁と同じ最上級審の判決)が一件あるだけで、それが無批判に受け入れられて今日に至っている。なぜそうなのかが問題である(その先の問題も含めて、石黒・貿易と関税一九九四年四―六月号の連載論文参照)。

次に、外国の会社には、日本の会社法は原則的に適用されない、とされる。一見当たり前のように思ってしまいがちだが、会社が外部の投資家から資金調達をする際に、いわゆる社債を発行したとする。外国の会社が日本の証券市場で、円で社債を発行したりすることがよくあるのである。その場合の社債権者保護の規定が、日本の会社法の中にある。理論的にはその適用が命ぜられている場合であるのに、日本の会社と外国の会社とは違うからとして、適用してやらない、などとされる。これも妙な話である（石黒・国際私法［新世社］五頁以下）。

もっと問題なのは、人の「氏」、つまり私だったら石黒という「氏」についてである。外国人は日本人固有の「氏」を称しえない、とするのが法務省の一貫した方針である。しかも、日本法が準拠法とされても、そもそも日本民法は適用しない、とされる。日本人の氏はすべて戸籍法が取り仕切る、とされる。これは戦前の日本の家族制度の基本だった「家《いえ》」制度の当時以来の、一貫した方針なのだ、と法務省側は言うのである。憲法違反の先例を、いまだに法務省が死守しようとしているのに、ほとんど誰も気づこうとしていない（石黒・同前九四頁以下）。

次に、「海を渡る赤ちゃん」の問題。日本の産院で、いわゆる未婚の母の下で生まれた赤ちゃんが、海を渡らされるのである。産後の肥立ちもままならぬ母親に対して、「親権放棄承諾書」という日本の民法上は無効なはずの書類へのサインが求められ、サインが済むと、産院から赤ちゃんが連れ出される。国際養子斡旋を専門とするボランティアと称する人々が、アメリカ等々の海外に、その赤ちゃんを連れてゆくのである。毎年相当数の赤ちゃんが、こうして海を渡っている。これを美談とばかり勘違いしている人々が、あまりに多い。こうした問題は発展途上国の問題だろう、といった程度の認識しか有していない人々も多い。ヨーロッパ諸国の養子縁組に関する協定やドイツの立法では、生後約二か月程度たってからでなければ、母親のサインは有効でない、とされる。母親の人権、そして赤ちゃんの人権を重視するためである。しかも、赤ちゃんの国外連れ出しは、資格のない者が勝手にやれば厳罰に処する、とする国々がある。そうあって当たり前だし、この点では途上国の方が、日本よりもっと子供を大切にする制度を有している（石黒・同前九頁以下）。

子供の人権と言えば、一九八四年に日本の国籍法が改正された。それまでの国籍法では、父親が日本人なら子供も日本国籍をもらえたが、母親が日本人であるのみではそうならなかった。外国人男性と日本人女性の間に生まれた子供には、日本国籍が与えられなかったのである。それが違憲だとして訴訟になった。だが、この訴訟において母親側は、これは両性平等の問題だとした。つまり、親には自分の日本国籍を子供に継承させる権利がもともとある。その権利が男性にはあり女性にはないから差別だ、と主張されたのである。そもそも子供の側から考えるべき問題のはずであり、裁判所側も、そんな親の権利はない、とした。

当時は両性平等（婦人の地位向上）が盛んに議論されていた。そうした社会的風潮の中、一九八四年に国籍法が改正されたのである。だが、子供の人権の問題として子供の国籍を考えるべきところ、この違憲訴訟でも「親の間での争い」として終始問題が把握されていたため、そのツケが子供にまわる形の法改正となった。父母両方から日本国籍をもらうチャンスが増えれば、それだけ（一方の親が外国人だったりするとその国籍ももらうことになり得るため）子供が内外重国籍者になる場合が増える。重国籍は是か非かをとことん詰めることなく、何でもいいから早く法改正を済ませて婦人票を集めたい、との御意向もあってか、妙なオマケがついた改正となった。内外重国籍の子供は、成人後一定時点までに日本国籍と外国の国籍とのどちらを選ぶか選択しろ、とされた。しかも、グズグズしていると、自動的に日本国籍を剝奪されるのである（石黒・同前九九頁以下）。

こんな非人道的なことが、あってよいのであろうか。これも、本来子供自身の人権として考えるべき問題を、親の権利としてのみ把握した視野の狭さ、そして、重要な問題を一つ一つ時間をかけてとことん考え抜かなかったせいである。

しかも、かくて国籍法が改正されるや、国籍法が変われば戸籍法も変えねば、ということで法務省が動いた。その実、日本人固有の氏は外国人が称しえない独特のものだとし、日本人が外国人と結婚や養子縁組（外国人の養子になる）などをしても日本人の氏は終始不変だとする、法務省の「家」制度的前提に基づく先例を、維持するための改正がそこでなされた。裁判所側が、（私と同様）憲法との関係で疑義ありとし、うるさいので何とかしよう、ということでなされたのが、一九八四年の戸籍法改正である（石黒・同前九七頁以下）。

こんな話が山ほどある。いやになるほどあるのに、それらが（そして、そこでの本当の問題が）人々の注目を、あまりにも浴びていないのである。「大きな針でぼつぼつ縫っただけで、足早に次の問題へと移り過ぎるのみの日本」――それを批判した夏目漱石の嘆き（「現代日本の開化」という漱石の有名な講演）は、現在の日本にそのままあてはまるのである。

振り返って考えたとき、われわれは、日本社会のアイデンティティ、あるいは社会の基本的な目標や理想というものを、果たしてどこまで強固に有しているのだろうか。情報の氾濫と急速な経済成長とその後の挫折の中で、誰しもが殆ど自虐的なまでに安逸な日々を送ろうとし、それを「ゆとりある生活」と称し、軽薄短小がやたら好まれる社会。外国に向って明確な主張をしない「顔のない日本」の根底には、それがある。そんなとき、私の意識を覚醒させてくれるのは、「俺ががんばらなくては自分の国がどうなるかわからない」という決意をありありと示す、発展途上国からの留学生の眼差しだったりもする。日本もかつてはそうだったはずだ、と私は思う。

＊　二〇〇二年三月六日午前四時〇分脱稿。仮眠後、点検終了、同日午後八時四分。私の初校は同年四月二五日夜八時半から同月二六日午前三時一五分で一気に済ませ、詳細なチェックは、いつものように腕まくりをして待っていてくれた妻裕美子に、心からの感謝と共に、すべて委ねる（再校も！）。そして私は、再度、忙しいパリ出張へと旅立つのだ。

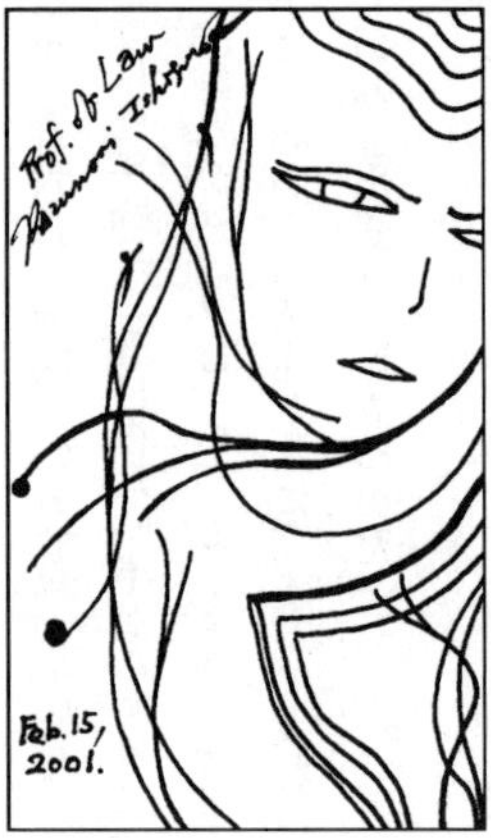
Prof. of Law
Feb. 15,
2001.

国際摩擦と法
羅針盤なき日本
新　版

2002年7月30日　　初版第1刷

著　者
石黒一憲
発行者
袖　山　貴＝村岡侖衛
発行所
信山社出版株式会社
〒113-0033　東京都文京区本郷6-2-9-102
TEL　03-3818-1019　FAX　03-3818-0344
印刷・製本　松澤印刷株式会社
PRINTED IN JAPAN

ISBN 4-7972-5274-X　C3032